Arjun Appadurai
Neta Alexander
VERSAGEN

Arjun Appadurai
Neta Alexander

VERSAGEN

Scheitern im Neoliberalismus

Aus dem Englischen
von Hans Freundl

Verlag Klaus Wagenbach   Berlin

Für meine Frau Gabika
A. A.

Für meine Eltern, Gad und
Elia Alexander, und für meine Familie
auf beiden Seiten des Ozeans
N. A.

EINLEITUNG:
DER UNTERSCHIED, DER KEINEN UNTERSCHIED MACHT

Die Kommerzialisierung des Versagens

Als sterbliche Wesen sind wir Menschen allgemein zum Versagen und zum Scheitern verurteilt. Doch in jüngerer Zeit ist das Versagen aus dem Bereich der Alltagssprache herausgetreten und zu einem Gegenstand der Verklärung wie auch der eingehenden Untersuchung geworden. Dieses Buch befasst sich kritisch mit dem gegenwärtigen Diskurs über das Versagen, möchte es jedoch nicht auf ein sprachliches, kulturelles oder historisches Artefakt reduzieren oder auf eine gesellschaftliche Konstruktion im herkömmlichen Sinn. Wir glauben, dass das Gefühl des Versagens etwas Reales ist und Enttäuschung, Bedauern, Reue und viele weitere kostspielige Folgen für Menschen und soziale Gruppen hervorbringt. Gleichzeitig ist Versagen kein selbstverständlicher Teil von Projekten, Institutionen, Technologien oder des menschlichen Lebens. Es ist vielmehr das Ergebnis von Beurteilungen, in denen sich an unterschiedlichen Orten und zu unterschiedlichen Zeiten verschiedene Konstellationen von Macht, Kompetenz und wirtschaftlichem Gewicht widerspiegeln. Dadurch erzeugt und stützt das Versagen kulturelle Vorstellungen und Erwartungshaltungen. Indem wir das Versagen als Bewertungsurteil auffassen, enthüllen wir seine Beziehung zur Erinnerung, zum Erzählen und zum Kapital. Dieses Buch spürt daher der Frage nach, welche Arten von Versagen und Scheitern vergessen werden und welche Eingang in das kollektive Gedächtnis finden und unser Weltverständnis beeinflussen.

Wenn wir als Arbeitshypothese von der Annahme ausgehen, dass Versagen kein immanentes Merkmal eines menschlichen Artefakts ist (etwa eines Projekts, einer Technologie, einer Institution oder einer beruflichen Karriere), sondern ein Urteil darüber, ob etwas ein Fehlschlag ist, landen wir unvermeidlich bei den Fragen, durch welche Ereignisse solche Urteile hervorgerufen werden (Geschichte), wer autorisiert ist sie zu fällen (Macht), in welcher Form sie ausgesprochen werden müssen, um als legitim und plausibel zu erscheinen (Kultur), und durch welche Mittel und Infrastruktur Versagen herbeigeführt oder verallgemeinert wird (Technologie). Diese Faktoren zusammen erzeugen ein »Regime des Versagens«, wie wir es nennen, in dem eine bestimmte Erkenntnistheorie, eine politische Ökonomie und eine dominierende Technologie durch ihre Verschränkung potenzielle Urteile über das Versagen anbieten und gleichzeitig einschränken.

Wir möchten in diesem Buch zeigen, wie solche Beurteilungsprozedere Regime des Versagens produzieren. Vor allem interessiert uns dabei, wie der heutige Kapitalismus finanzielle und technologische Systeme zu einem zusammenhängenden Apparat konfiguriert, der Fehlschläge herbeiführt und naturalisiert und das allgegenwärtige Gefühl erzeugt, dass alle Erfolge das Ergebnis dieser Technologie und ihrer Vorzüge sind und sämtliche Fehlschläge durch die Bürger, Investoren, Nutzer oder Konsumenten verschuldet werden. Diese Ideologie lässt sich unter der Behauptung subsummieren, dass Technologie immer effizient wäre, wenn ihre Nutzer nicht so fehlbar wären. Das ist eine Art von »Solutionismus«, dem es stets darum geht, technologische Beschränkungen und Fehlfunktionen zu beheben, indem man mehr Kapital investiert, um neue, verbesserte Technologien zu schaffen (Morozov 2013). Entsprechend dieser Einschätzung vertreten wir die Auffassung, dass das Versagen in unserer digitalisierten Welt einen neuen Zugang eröffnet zu einer immanenten Kritik unserer zunehmenden Abhängigkeit von digitalen Netzwerken und mobilen Technologien – und auch der undurchschaubaren Infrastrukturen, die sie stützen. Das Buch beschreibt, wie sich insbesondere in der nordamerikanischen Finanz- und

Technologiebranche Formen des Versagens herausgebildet haben, die emblematisch sind für die Welten, welche die beiden Küsten dominieren: die Wall Street und das Silicon Valley. Wir konzentrieren unsere Untersuchung des Versagens auf diese beiden Kulturen und wollen dabei herausarbeiten, wie sie beide Vergesslichkeit und Unwissen zu Geld machen. In den folgenden Kapiteln werden wir die Ähnlichkeiten zwischen den digitalen Technologien und dem Finanzmarkt darstellen, uns mit der sogenannten »Gig Economy« beschäftigen (Kapitel 2), der Monetarisierung des Wartens und der Latenzzeit (Kapitel 3) und dem Aufstieg der Derivate (Kapitel 4).

Diese Fallstudien fußen auf den von einem von uns schon zuvor so benannten Failure Studies (Alexander 2017). Eine Schwierigkeit bei der Untersuchung des Versagens besteht darin, dass dieser Begriff häufig synonym mit vielen anderen verwendet wird, wie etwa »Panne«, »Desaster«, »Zusammenbruch« oder auch »Trauma«. Die Unterschiede zwischen diesen Kategorien herauszuarbeiten, würde den Rahmen dieses Buches sprengen. Wir möchten stattdessen vier Denkschulen voneinander abgrenzen, die uns dabei helfen, kreativ über das Thema Versagen nachzudenken: Wissenschaft, Wirtschaft, Queer Studies und Infrastrukturforschung.

Das erste Feld ist die moderne Wissenschaft, in der das Versagen (bei Experimenten, Berechnungen und in Bezug auf Wiederholbarkeit) als wichtiger und unverzichtbarer Bestandteil des Fortschritts und der Weiterentwicklung der Forschung gilt. Die expliziteste und bekannteste Ausformulierung des Versagens stammt hier von Karl Popper, der Vermutungen und Widerlegungen als die beiden wesentlichen Kennzeichen einer fruchtbaren Hypothese in den exakten Wissenschaften betrachtete (Popper 1963). Mit der Betonung der empirischen Falsifizierung war das Popper'sche Denken von entscheidender Bedeutung für die Entwicklung einer Wissenschaftstheorie, die auf Widerlegbarkeit beruht. Ein Experiment ist erfolgreich, wenn es eine falsche Hypothese widerlegt und die Wissenschaft zwingt, eine neue, oftmals bessere Erklärung für ein bestimmtes Phänomen zu finden.

Das Versagen ist demnach ein grundlegendes und in gewisser Weise erwünschtes Ergebnis; ohne Scheitern und Versagen gäbe es keinen Fortschritt. Im Silicon Valley hat sich dieses Modell ausgeweitet bis hin zum blinden Glauben an technologische Innovationen (wie wir in Kapitel 2 zeigen werden).

Der zweite bedeutende Beitrag zur Erforschung des Versagens kommt aus dem Bereich der Betriebswirtschaft (und verbindet dabei Technologie, Unternehmertum und Investment), in der das Scheitern zunehmend als etwas Positives betrachtet wird, das es zu unterstützen und zu kultivieren gilt und das man genauer untersuchen muss, vor allem im Hinblick auf technische und wirtschaftliche Innovationen. In der betriebswirtschaftlichen Literatur finden sich zuhauf Titel voller Klischees darüber, wie Lehren aus dem Scheitern gezogen werden können. Bei Amazon fördert eine Suche unter diesem Stichwort mehr als 20.000 Bücher mit entsprechenden Titeln zutage. Dazu gehören betriebswirtschaftliche Handbücher wie *Failing Forward: Turning Mistakes into Stepping Stones for Success* (Maxwell 2000), *The Ten Commandments for Business Failure* (Keough 2011) und *WTF?! (Willing to Fail): How Failure Can Be Your Key to Success* (Scudamore und Williams 2018). Die Flut an Werken darüber, »wie man besser scheitern« kann, zeugt davon, dass das Silicon Valley das Versagen als Schlüssel zum Erfolg betrachtet. Die Notwendigkeit einer positiven Einstellung zum Scheitern ließe sich auch mit der hohen Misserfolgsrate junger Startup-Unternehmen erklären. In einem 2016 veröffentlichten Bericht der Venture-Capital-Firma Horsley Bridge Partners (HBP), der auf Daten von mehr als 7.000 Investments zwischen 1985 und 2014 beruhte, wurde festgestellt, dass »bei ungefähr der Hälfte der Investitionen (in Startups, die mit Hilfe von Wagniskapital finanziert wurden) weniger als die ursprünglich investierte Summe zurückfloss« (Evans 2016). Laut Benedict Evans, Autor und Partner des Venture-Capital-Unternehmens Andreessen Horowitz, zeige der HBP-Bericht, wie stark die Innovationsökonomie und ihre Abhängigkeit von »Einhörnern« oder besonders erfolgreichen Gründungen durch das Versagen bestimmt wird: »Wir versuchen Unternehmen, Produkte und Ideen hervorzubringen, die manchmal funktionieren und manchmal sogar die Welt verändern. Ungefähr die Hälfte dieser Versuche scheitert komplett, und etwa fünf Prozent gehen ab wie eine Rakete« (Evans 2016). Trotz dieser Hymnen auf das Scheitern bleiben die Zusammenhänge zwischen dem Untergang von Unternehmen und Innovation häufig im Dunkeln, was auch für Wegbereiter der Sozialwissenschaft wie Frank Knight, Joseph Schumpeter und Max Weber galt, die sich auf Risiko, Gewinn und Innovation konzentrierten.

In jüngerer Zeit haben sich eine Reihe von Ökonomen, Soziologen und anderen Sozialwissenschaftlern die neue Innovationsökonomie, wie sie vom Silicon Valley verkörpert wird, als Untersuchungsgegenstand gewählt. Diese Forschungen sind alle in gewisser Weise durch das Werk von Joseph Schumpeter über Innovation und schöpferische Zerstörung in der Geschichte des Kapitalismus inspiriert, worauf wir in Kapitel 2 ausführlich eingehen werden. Aus diesen Forschungsarbeiten ergeben sich folgende Erkenntnisse: Sie zeigen zum einen, dass die Prozesse des Investierens, Spekulierens und der Innovation in der neuen Ökonomie weniger durch rationale Erwartungen gesteuert werden als vielmehr durch »Fiktionen« (Beckert 2016), also nicht auf empirischen Fakten beruhenden Beschreibungen der ökonomischen Zukunft, die Quelle gewinnbringender Entscheidungen sein soll. Die zweite Erkenntnis lautet, dass die Schaffung von Wert in dieser neuen Ökonomie zunehmend nachgelagert und umgeformt wird, sodass er vermehrt durch spekulative finanzielle Interessen, kurzfristiges Profitstreben und den schnellen Verkauf potenziell profitabler Unternehmen durch Börseneinführungen oder IPO erzeugt wird. Immer weniger geht es um vorgelagerte Wertschöpfungen, die auf echten wissenschaftlichen oder technologischen Entdeckungen beruhen (Janeway 2012). Drittens lässt sich feststellen, dass die gängige neoklassische Wirtschaftslehre die Dynamik dieser neuen ökonomischen Modelle aus dem Blick verloren hat, in denen die Finanzmärkte und die damit einhergehende Disruption und Volatilität immer massiver den Wert bestimmen und nicht mehr die Logik von Angebot,

Nachfrage und Gleichgewicht (Mazzucato 2016). Alle diese Einsichten stützen die These, dass die Finanzmärkte stärker – statt weniger – staatlich reguliert und überwacht werden müssen, und sie beleuchten auch den Kult des Scheiterns, der den neuen Wirtschaftstypus beherrscht, insbesondere im Silicon Valley.

Um die Betrachtung nicht allzu sehr auf den vereinfachenden Gegensatz von Erfolg und Versagen zu verengen, wollen wir als drittes Feld die Queer Studies heranziehen. In jüngerer Zeit haben sich einige bekannte Theoretiker der Queer Studies wie Sara Ahmed, Lauren Berlant, Jack Halberstam und Ann Cvetkovich überzeugend gegen den Kult der »toxischen Positivität« oder des »grausamen Optimismus« ausgesprochen (Ahmed 2010; Berlant 2011; Halberstam 2011; Cvetkovich 2012). Alle ihre Arbeiten versuchten aufzuzeigen, wie das neoliberale »Glücksversprechen« paradoxerweise zu verstärkter Angst, Zusammenbrüchen und einer »schmerzhaften Verflochtenheit« mit kapitalistischen Machtstrukturen führt (Brown 1995). Zu diesem Zweck betrachteten sie insbesondere Momente der Traumatisierung und der Hilflosigkeit: Depressionen, Panikattacken, Schreibblockaden, Projektabbrüche oder Arbeitslosigkeit. Die Queer-Forscher widersetzten sich der »Glücksdirektive« und der mit ihr verbundenen Idee vom »guten Subjekt« (einem produktiven, pflichtbewussten, meist heteronormativen Konsumenten) und bemühten sich um ein besseres Verständnis von Erfahrungen außerhalb des Rahmens des neoliberalen »Erfolgs« und dessen binärer Beziehung zum »Scheitern«. Halberstam formulierte im Zuge dessen die Frage: »Welche Art von Belohnung hat uns das Scheitern zu bieten?«, und stellte fest:

> Das Scheitern ermöglicht uns, den bestrafenden Normen zu entfliehen, die unser Verhalten disziplinieren, und die menschliche Entwicklung dahingehend steuern, dass wir von ungezogenen Kindern zu ordentlichen und berechenbaren Erwachsenen werden. Das Scheitern bewahrt einen Teil der wunderbaren Anarchie der Kindheit und verrückt die angeblich klaren Grenzen zwischen Erwachsenen und Kindern,

Gewinnern und Verlierern. Und auch wenn das Scheitern sicherlich begleitet wird von einer Vielzahl negativer Empfindungen wie Enttäuschung, Desillusionierung und Verzweiflung, so verschafft es uns gleichzeitig die Gelegenheit, diese negativen Affekte zu nutzen, um Löcher in die toxische Positivität des zeitgenössischen Denkens zu bohren. (2011, 3).

Diese Theorien bieten eine neue Temporalität des Versagens, die hinausweist über unser hergebrachtes Verständnis vom *Versagen als Wiederholung, nicht als Unterschied.* Sie verstehen Versagen als ein sich stetig wiederholendes, alltägliches Ereignis. Es ist kein Trauma – mit einer binären Zeitlichkeit von »vorher« und »nachher« –, sondern Teil einer »affektiven Ökonomie« (Ahmed 2004). Trotz ihres subversiven Potenzials geht diese Ökonomie des Versagens oft mit dauerhaften Ängsten und Leid einher.

Dieses Plädoyer, sich vom binären Gegensatz Scheitern/Erfolg abzuwenden, findet sich auch bei der vierten Methode, die wir heranziehen wollen: den Infrastruktur-Studien oder genauer gesagt der wachsenden Literatur über Erhaltung und Instandsetzung (Star 1999; Graham und Thrift 2007; Russell und Vinsel 2018). Neben ihrer Aufforderung, sich mit den »Erhaltern« zu befassen statt mit den »Erneuerern«, erinnern Andrew L. Russell und Lee Vinsel daran, dass die historischen Forschungen über Erhaltung und Instandsetzung zurückgehen bis zu John G. Burkes Werk *Bursting boilers and the Federal power* (1966), in dem er die Auffassung vertrat, dass die »Kessel-Katastrophen« im 19. Jahrhundert Ergebnis sowohl von schlechter Konstruktion wie auch von mangelnder Wartung waren (Russell und Vinsel 2018, 4). In der heutigen Zeit der geplanten Obsoleszenz (also eine in der Herstellung oder im Material schon angelegte Produktalterung) ist es schwer, eine Kultur der Instandhaltung zu bewahren, denn der zu bewahrende Gegenstand ist als eine Blackbox konstruiert, die nicht ohne weiteres von den Nutzern repariert werden kann. Und wenn Infrastrukturen von untereinander verwobenen und interagierenden elektrischen und computerisierten Systemen abhängig sind, wird die zentrale Unterscheidung zwischen Zusammenbruch und Versagen problematisch:»Es wird immer schwieriger, zu definieren, was das ›Ding‹ eigentlich ist, das gewartet oder repariert werden soll. Ist es das Objekt selbst oder die festgelegte Ordnung, in die es eingebunden ist, oder eine noch ›größere‹ Einheit?« (Graham und Thrift 2007, 4). In Kapitel 1 gehen wir dieser Frage nach und versuchen, die Beziehung zwischen Zusammenbruch und Versagen neu zu erfassen. Da elektronische und mobile Technologien heute darauf ausgelegt sind, zu versagen, um die Kultur der Upgrades und der Ersatzbeschaffung aufrechtzuerhalten, müssen Nutzer, die ihre Geräte eigenhändig reparieren wollen, entweder einen anstrengenden und aufwendigen Kampf bestreiten oder das unvermeidliche Versagen hinnehmen, weil eine gesetzliche Verankerung des»Rechts auf Reparatur« von den Technologieunternehmen verhindert wird (Koebler 2017). Die Lebensdauer allgemein verbreiteter Technologien wie etwa Smartphones hat sich in der Folge verkürzt: In den westlichen Ländern wird ein Mobiltelefon durchschnittlich nach elf Monaten Gebrauch weggeworfen (Graham und Thrift 2007, 19). Dieses Problem hat sich im vergangenen Jahrzehnt verschärft, da die Preise für elektronische Geräte gesunken sind. In der Folge ist»der Berg von elektronischem Müll im Jahr 2016 auf 44,7 Millionen Tonnen gewachsen« (Leahy 2017).

Das zunehmende Interesse an Instandhaltung und Reparatur steht auch im Zusammenhang mit der jüngeren Literatur über »Abfall«, der häufig als Synonym für Versagen betrachtet wird (Shabi 2002; Maxwell und Miller 2012). Neben seinen verheerenden Auswirkungen auf die Umwelt zeugt das exponentielle Wachstum von elektronischem Müll (oder auch»E-Müll«) davon, wie die Globalisierung und der innovationsgetriebene Kapitalismus bei der Entwicklung eines freien, offenen Marktes versagt, der potenziell Wohlstand für alle schaffen könnte. In der Praxis wird der Großteil des elektronischen Mülls im Westen produziert und»offshore« im Globalen Süden entsorgt (Leahy 2017). Wir werden hier nicht näher auf die weitreichenden Folgen der globalen Abfallwirtschaft eingehen, aber sie liefert einen wichtigen Hinweis darauf, dass»Infrastruktur ohne Instandhaltung eine Katastrophe bedeutet« (Russell und Vinsel 2018, 17). Wenn frühere Modelle für Instandhaltung und Reparatur missachtet werden oder in Vergessenheit geraten, wächst die Wahrscheinlichkeit für fortgesetztes Versagen.

Kapitelgliederung

Ausgehend von diesen vier Ansätzen vertreten wir die These, dass Versagen ein unbeständiges und variables Konzept ist. Wir begegnen Momenten des Versagens praktisch täglich, sei es in Form von digitalen Verzögerungen wie etwa der Fufferung (dem Zwischenspeichern beim Laden eines Videos) oder von Geldverlusten auf den Finanzmärkten. Die Logik und die Auswirkungen von *habituellem Versagen* bilden den Kern dieses Buches. In Anlehnung an Gregory Batesons berühmte Definition von »Information« als »Unterschied, der einen Unterschied macht« (1972) bezeichnen wir das habituelle Versagen, das kennzeichnend ist für die Wall Street wie für das Silicon Valley, als einen *»Unterschied, der keinen Unterschied macht«* (Alexander 2019), also etwas, das nichts verändert: ein Nicht-Ereignis oder die schnell vergessene Hilflosigkeit von Benutzern und Konsumenten.

Das soll nicht heißen, dass die Wall Street und das Silicon Valley die gleiche Einstellung gegenüber dem Versagen hätten. Vielmehr herrscht im Silicon Valley die Auffassung vor, dass Versagen ein Schlüssel für Innovation und Erfolg ist (wie wir in Kapitel 2 sehen werden), während die Wall Street Banker und Börsenhändler erbarmungslos bestraft, die einen Deal nicht erfolgreich über die Bühne bringen. Die praktizierten Methoden orientieren sich am »Up or Out«-Beförderungsprinzip (»Rauf oder Raus«) oder an anderen Managementtechniken. Während in den meisten Startup-Unternehmen das mögliche Scheitern einberechnet wird, wurden viele Banken nach der großen Finanzmarktkrise als »too big zu fail« eingestuft.

Die Unterschiede zwischen Silicon Valley und Wall Street sind allgemein bekannt. Das Silicon Valley setzt auf technologische

Innovation und Wagniskapital. Die Wall Street hingegen lebt von der Volatilität der Finanzmärkte, den hohen und wachsenden Schulden der Konsumenten und der Unternehmen, die das weitere Wachstum des Finanzkapitals sicherstellen, sowie dem rechtlichen und regulativen Schutzschirm, der große Finanzinstitutionen gegen Zusammenbrüche absichert. Kurz gesagt, das Silicon Valley monetarisiert die technologische Innovation und die Wall Street die der Finanzwelt (wobei sich diese beiden Logiken gegenseitig stützen).

Ohne diese Unterschiede abstreiten zu wollen, arbeiten wir in der Betonung der Gemeinsamkeiten dieser beiden Welten heraus, dass deren Monetarisierung des Versagens weitreichende Auswirkungen hat. Wir beginnen in Kapitel 1 mit einer Diskussion über das Versagen in erkenntnistheoretischer Dimension und als affektive Ökonomie. Die Gemeinsamkeiten, so lautet unsere These, sind nicht zufällig: Sie beruhen auf der Tatsache, dass Silicon Valley und Wall Street sich gegenseitig bedingende Elemente eines gemeinsam genutzten Systems sind. Das Silicon Valley kann nicht ohne große liquide Kapitalpools existieren, die strategisch investiert und rasch verlagert werden können. Die Wall Street wiederum benötigt Innovationen in digitaler Technologie, um den Handel zu beschleunigen, das Volumen der Finanztransaktionen zu steigern, die diesbezüglichen Informationen als Eigentum zu beschützen und die dafür notwendigen Instrumente, Geräte und Bildschirme zu verbessern. Die symbiotische Beziehung zwischen Wall Street und Silicon Valley kann daher als bedeutsames Merkmal des modernen digitalen Kapitalismus gelten.

Anhand einer eingehenden Untersuchung der enttäuschten Versprechen von Wall Street und Silicon Valley deckt dieses Buch die bislang kaum erforschten Prozesse auf, in denen das Versagen zu einem strategischen Mittel der Verwertung umgedeutet wird. Das Versagen wird zu einer Handelsware, lautet unsere These. Dies erfolgt durch die Entwicklung einer Maschinerie gebrochener Versprechen, mittels der das Vorhandensein von Versagen bestritten oder zurückgewiesen wird, das die große Mehrheit der Bevölkerung (die 99 Prozent) erfährt. Wir entwickeln diesen

Gedanken in Kapitel 1, indem wir eine dreiteilige Typologie der Versprechen und ihrer Funktion in der Welt der Finanz- und der Technologiewirtschaft vorstellen. Auf Grundlage dieser Typologie analysieren wir das Versprechen der Bequemlichkeit und Bedienungsfreundlichkeit und deren entscheidende Rolle in der digitalen Ökonomie.

Das 1. Kapitel bietet zudem eine detaillierte Theorie des Versagens. Zunächst definieren wir »Technikversagen« als Moment eines erkenntnistheoretischen Bruches, in dem kein neues Wissen über eine Maschine und damit auch kein neues Verständnis der Welt erzeugt wird. Zum anderen betrachten wir Versagen als »affektive Ökonomie«, wie Ahmed es nennt, und verbinden diese Analyse mit der strategischen Erzeugung von Vergesslichkeit durch die Wall Street und das Silicon Valley. Drittens vertreten wir die Auffassung, dass Versagen der Marktlogik des Kapitalismus und dessen Abhängigkeit von Kredit, Schulden und Derivaten inhärent ist.

Aufbauend auf Kapitel 1 und Schumpeters grundlegendem Werk legen wir in Kapitel 2 dar, dass das Versagen, das sich in den modernen digitalisierten Ökonomien entwickelt hat, eng mit Innovation, Wachstum, Profitabilität verbunden ist. Außerdem ist es verknüpft mit dem stetigen Bemühen, mögliche künftige Welten in die Gegenwart einzubeziehen, indem es antizipiert und in einer Echtzeitschleife zwischen Entwickler und Nutzer vorweggenommen wird. Das hervorstechendste Merkmal der Ideologie und des Diskurses über das Versagen, insbesondere in der Kultur des Silicon Valley, ist unmittelbar aus Schumpeters Werk abgeleitet. Es umfasst die Verwertung des Versagens, manchmal in Form von »Disruption«, am häufigsten aber in Form des Lernens, Verbesserns, Experimentierens und Risikoeingehens. In der Startup-Ökonomie hat das Versagen eine ganz besondere Bedeutung: Es meint nicht das Versagen des menschlichen Körpers, wenn ein Programmierer an seinem Arbeitsplatz zusammenbricht oder eine Call-Center-Angestellte vor dem Bildschirm einschläft. Es meint das Versagen eines sehr spezifischen Milieus, das gekennzeichnet ist durch modernste Technologie, kostengünstige Software und hohe Gewinne aus erfolgreichen Firmenübernahmen und Börsengängen im digitalen Bereich. Von dieser Betonung der Innovation und Volatilität im Kapitalismus führt eine direkte Linie zu der zentralen Möglichkeit des Versagens in den modernen Konstruktionstechnologien im postindustriellen Westen. Im Bereich der Technologie wird nicht das Versagen an sich bewundert, vielmehr gilt es als unvermeidlicher Kostenpunkt des technologischen Wandels. Das Versagen macht die Nutzer digitaler oder finanzbezogener Produkte auf diese Weise zu dauerhaften Testpersonen und Reportern, die über das Versagen berichten. Deren Verhaltensweisen, Entscheidungen, Wünsche und Bedürfnisse fließen in das Design, die Tests und Erfahrungsprotokolle ein.

In Kapitel 2, das sich auf die »Gig Economy« konzentriert, wird dargestellt, dass es in der Welt der Apps (inklusive der Start-up-Firmen, die sie konstruieren, wie auch der Wagniskapitalgeber, die sie finanzieren) nicht in erster Linie um die Zerstörung alter Formen der Technologie, der Produktion oder der Arbeit geht, wenngleich sie dies unzweifelhaft befördern. Vielmehr zielen sie auf die unmittelbare Disruption vorheriger Formen von Gesellschaftlichkeit und versuchen diese durch andere zu ersetzen, indem sie eine verbesserte Effizienz und Nutzerfreundlichkeit oder beides versprechen.

Diese Analyse der veränderten sozialen Strukturen soll die Grundlage bilden für eine Diskussion über Versagen, Zusammenbruch und Erinnerung in Kapitel 3. Wir zeigen hier, wie erstaunlich oft verharmlost, ignoriert oder schlicht vergessen wird, auf welch unterschiedliche Weise Technologie versagen, defekt sein oder ihre Nutzer zur Verzweiflung treiben kann. Diese »Vergesslichkeit« ist ein Hinweis auf ein breiter angelegtes diskursives System von gesellschaftlichen Überzeugungen. Sie ist kein Beleg für das Versagen der Erinnerung, sondern eher für den Erfolg kultureller Fantasien und kollektiver Vorstellungen von technologischen Utopien. Wann und zu welchem Zweck erzählen wir uns Geschichten des Scheiterns? Und wann werden Augenblicke des Versagens als Bestandteile einer Geschichte von unbegrenztem Fortschritt maskiert oder umgedeutet?

Kapitel 3 befasst sich mit diesen Fragen mittels einer Untersuchung des Zwischenspeicherns und der »falschen Latenzzeiten«, die zu dem umfangreichen Komplex des Wartens, Verzögerns und Aufhaltens in technologischen Systemen gehören. Wir werden zeigen, wie Momente des Wartens und Versagens beständig monetarisiert werden, während die »globale Spaltung«, die Regionen, Generationen und soziale Schichten trennt, häufig bestritten wird (Ginsburg 2008; Mattern 2019). Vor diesem Hintergrund formulieren wir die Annahme, dass das Warten das wichtigste Bindeglied zwischen den beiden Welten darstellt, die in diesem Buch behandelt werden: das Warten auf Kreditzusagen, auf das Verstreichen der Zeit zwischen der Gewährung eines Kredits und der Zinszahlung auf das Darlehen, das Warten darauf, dass das erneute Hochladen abgeschlossen wird, eine Unterbrechung beendet wird oder sich eine Blackbox von selbst wiederherstellt und dadurch nicht länger unsere Aufmerksamkeit in Beschlag nimmt. Warten und Schlangestehen gelten als Erscheinungsformen von Unterordnung, Ungleichbehandlung und Disziplin, weil sie eine »temporäre Ungleichheit« erzeugen (Tawil-Souri 2017). Durch die Wall Street wie das Silicon Valley gleichermaßen werden wir dazu erzogen, als Zuschauer und als Schuldner auf den nächsten Augenblick der Belohnung zu warten, häufig in einem Zustand der Angst und des Zorns. Ebenso werden wir darauf trainiert, die sich ständig wiederholenden nervenden Pufferzeiten zu verzeihen und zu vergessen. Dies ist der Hintergrund des neu erwachten Interesses für die Geschichte und das Regime des Wartens (Tawil-Souri 2017; Farman 2018; Janeja und Bandak 2018). Gestützt auf diese Studien wird in diesem Kapitel das Paradoxon herausgearbeitet, dass das Warten von entscheidender Bedeutung ist für Geschäftsmodelle, die auf Geschwindigkeit und sofortige Belohnung setzen.

Das Silicon Valley ist die Welt des digitalen Designs, der Mega-Apps, der Sammlung großer Datenmengen und der Entwicklung von Schnittstellen für neue digitale Angebote, die sehr große Datensets gleichermaßen erzeugen wie ausbeuten (Appadurai 2019). Die Welt der Wall Street ist hingegen die Welt

der Investmentbanken, Hedgefonds, Derivatehändler, Finanz-
analysten und des kreditgestützten Kapitaleinsatzes. In Kapitel 4 rücken wir die Große Rezession und die Logik der Derivate in den Mittelpunkt. Das Fundament der heutigen Wall
Street bilden die unterschiedlichen Formen der Derivate (die
sich allesamt auf den unsicheren zukünftigen Wert von Rohstoffen und Unternehmen beziehen) aber auch ältere Formen
wie Aktien, die Märkte schaffen sollen auf Grundlage der tatsächlichen wirtschaftlichen Entwicklung von Unternehmen, die
zum Beispiel anhand von Indikatoren wie dem Jahresüberschuss
gemessen wird. Der erstgenannte Bereich ist mittlerweile um
ein Vielfaches größer als der zweite. Sowohl das Silicon Valley wie auch die Wall Street arbeiten mit dem Verhältnis zwischen Risiko, Unsicherheit und Gewinn, den Schlüsselbegrif-
fen in Frank Knights Klassiker *Risk, Uncertainty and Profit* von
1921. Doch Grundlage des Silicon Valley ist eine neuartige Form
von Gesellschaftlichkeit (die sich im explosiven Wachstum des
Werts von Apps verdichtet, wie in Kapitel 2 dargestellt wird),
während das Fundament der Wall Street die Verschuldung der
Konsumenten ist. Diese wird genutzt, um hohe Renditen für die
Finanzeliten zu generieren durch Mechanismen wie Arbitrage,
Fremdfinanzierung und Volatilitätsmodellierung. Beide Kulturen glauben an überdimensionierte Erträge, wobei Verluste oder
Fehlschläge den Konsumenten oder Endnutzern aufgebürdet
und Megaprofite nach oben weitergeleitet werden an Banken,
Hedgefonds und Vermögensverwalter. Wagniskapitalgeber sind
die wichtigsten Spieler im Silicon Valley; sie haben ein beson-
deres Interesse an Technologie, die im Mittelpunkt ihrer spekulativen Investitionen steht. Die Wall Street auf der anderen
Seite bezieht ihre Gewinne aus der Volatilität der Finanzmärkte,
der Verschuldung von Kunden, Staaten und Unternehmen und
aus der Erfindung neuer »derivativer« Finanzinstrumente, mit
denen Risiken auf Risiken aufgenommen werden können. Beide
Arten von Investoren (im Silicon Valley und an der Wall Street)
eint die Auffassung, dass Risiko Profit hervorbringt, dass Profit
beständige Innovation erfordert und Fehlschläge nach unten,

auf den kleinen Schuldner oder Innovator abgewälzt werden
können. Die Wall Street weiß natürlich, dass das Eingehen von
Risiken die Bereitschaft zu scheitern erfordert, und daher haben
ihre Generäle und Fußtruppen vielfältige Möglichkeiten ersonnen, um die Last des Scheiterns auf die Schultern gewöhnlicher
Bürger zu verlagern, während sie ihre übergroßen, wenn auch
unregelmäßig anfallenden Profite absichern.

Habituelles Versagen verstehen

Eine parallele Untersuchung des Kapitalstroms und des Informationsflusses kann uns behilflich sein bei der Entwicklung einer
Theorie des habituellen Versagens. Dazu erforschen wir das strategische und inhärente Versagen in unterschiedlichen Kontexten,
wie etwa Schulden, Krise, Latenz und (Dis)konnektivität. Wir
befassen uns mit der Vorstellung vom »nahtlosen« Informations-
und Finanzfluss und mit der Sprache der Immaterialität, mit der
häufig energieaufwendige und umweltzerstörerische Infrastrukturen bemäntelt werden. Sowohl derivative Instrumente wie
auch die Informationsspeicherung (zum Beispiel Cloud Computing) sind knappe Ressourcen, die aber als unbegrenzt dargestellt
werden, indem propagiert wird, dass diese Knappheit im Zeitalter der nahtlosen Konnektivität überwunden werden sollte und
könnte. Dies ist ein nicht einlösbares Versprechen unbegrenzten
Fortschritts, eine unerreichbare Utopie, die kaschieren soll, welch
immensen ökologischen, psychologischen und sozialen Preis die
Aufrechterhaltung dieser Machtsysteme erfordert.

Damit das Versagen in vollem Umfang in eine Triebkraft des
digitalen Kapitalismus umgewandelt werden kann, bedarf es einer Methode, die das Vergessen des Versagens erlaubt und damit seine beständige Wiederholung ermöglicht. Der Kunde oder
Endnutzer muss dazu gebracht werden, das Versagen abzustreiten, darüber hinwegzusehen oder es zu vergessen, um bereit zu
sein für das nächste Versagen. Dies wird heute im Zeitalter der

digitalen Risikonahme und Entscheidungsfindung bewerkstelligt, indem das Versagen zur Illusion umgedeutet wird, zu einer Form elektronischen Rauschens oder als Zeichen der Inkompetenz des Benutzers (Goffman 1974). Finanzprodukte verlangen von gewöhnlichen Menschen, sowohl außerordentliche Risiken auf sich zu nehmen wie auch unaufhörlich Schulden zu erzeugen, die besonders ausbeuterische renditeträchtige Finanzpraktiken unterstützen und fördern (siehe dazu Kapitel 4). Dabei wird das Risiko zum einen als natürliches und unvermeidliches Merkmal der Welt der Finanzen und des Geldes dargestellt, während es in Wirklichkeit ein relativ junges Artefakt der Geschichte und der Politik ist (Beck 1986). Der zweite Aspekt besteht darin, die Bürger nur dann als klug und besonnen zu begreifen, wenn sie ihre Ersparnisse in abstrakte, riskante und langfristige Anlagen stecken (wie etwa Hypotheken, Versicherungsverträge und Pensionsfonds). Der dritte Aspekt dieses Framings zielt darauf, dass die Verbraucher sich aktiv in Aktien, Anleihen, Optionen, Termingeschäften und anderen spezialisierten Finanzinstrumenten engagieren und dadurch allmählich Besonnenheit durch Risikonahme ersetzen. Und schließlich wird den Verbrauchern beigebracht, die Entscheidungen über Risikonahmen in die Hände von Profis und Experten zu legen (Berater, Broker und Börsenhändler). Wenn dann Fehler auftreten (sinkender Wert des Pensionsvermögens, unzureichender Versicherungsschutz, nicht mehr bedienbare Hypotheken, rückläufige Immobilienpreise, nicht mehr rückzahlbare Kredite), wird den Verbrauchern nahegelegt, diese Fehlschläge als unvermeidliche Folgen ihrer Naivität oder ihres mangelnden Sachverstands zu betrachten, ihrer inkompetenten Produktauswahl oder Unfähigkeit, die eigene Risikotoleranz und die den Finanzmärkten inhärente Volatilität richtig einzuschätzen. Auf Grundlage dieser Umdeutung, die über unterschiedliche Kanäle vermittelt wird, durch Banken und Hedgefonds auf Online-Seminaren sowie durch Wirtschaftsnachrichten im Fernsehen und in Zeitungen, werden Verbraucher schnell in den Kreislauf aus Schulden, Risiko und (sehr wahrscheinlich wiederkehrenden) finanziellen Verlusten zurückgeholt.

Auf diese Weise wird durch Framing und Re-Framing, also durch Deutung und Umdeutung sichergestellt, dass gewöhnliche Bürger und Verbraucher stetig weiter Risiken eingehen, die sie sich nicht leisten können und die sie auch nicht verstehen, und Kredite aufnehmen, welche die Aktivitäten der Finanzindustrie fördern und erleichtern, ohne zu erkennen, dass ihre Rolle darin besteht, zu scheitern und abermals zu scheitern.

Auf ähnliche Weise versagen auch die digitalen Medien immer wieder, jedoch im Rahmen eines Diskurses, in dem ihre magischen, gewissermaßen religiösen Fähigkeiten herausgestellt werden (Chun 2008). In Kapitel 3 zeigen wir, dass das »Technik-Versagen« ein zweiteiliger Prozess ist: Zuerst bricht eine Maschine zusammen oder funktioniert nicht mehr richtig, dann erkennt ein Benutzer das Versagen (oder auch nicht). Doch dieses allgegenwärtige Versagen wird häufig geleugnet, indem der Gedanke, den das technische Versagen nahelegen könnte, sogleich durch einen anderen, weniger bedrohlichen Gedanken ersetzt wird. In Bezug auf die Pufferzeiten zum Beispiel wird die unvorhersehbare Verzögerung und der Zeitverlust verbunden mit beruhigenden Gedanken wie etwa: »Ich habe vergessen, eine neue Verbindung zum Router herzustellen« oder »Diese vorübergehende Störung wird schnell vorbei sein.« Dadurch wird davon abgelenkt, dass Pufferzeiten eine »beständige Angst« heraufbeschwören, die auf der Tatsache beruht, dass wir uns zunehmend auf Geräte und Infrastrukturen verlassen, deren Logik für die meisten Benutzer weder ersichtlich noch verständlich ist (Alexander 2017). Die Umdeutung von Pufferzeiten zu einer technischen Störung, die sich nach kurzer Zeit von selbst beheben wird, offenbart das gleiche System der Verleugnung, das wir auch an der Wall Street bei größeren Kurseinbrüchen sehen können.

In diesem strukturellen Gedächtnisverlust, auf den sich die Finanzindustrie und die Digitalwirtschaft stützen, wird ein Versagen schnell genug vergessen, damit das nächste Versagen akzeptiert werden kann. Dabei wird die Erfahrung von Verlust, Ausbeutung, Unzufriedenheit und Frustration beständig umgedeutet, damit das Medium oder Instrument, das die Ursache für das Versagen ist, weiter genutzt wird. Um zu unserer Definition von habituellem Versagen zurückzukehren: Es macht keinen Unterschied. Es nervt oder ärgert die Betroffenen vielleicht, aber dieser Ärger wird so verdrängt und verleugnet, dass strukturelle oder politische Veränderungen unterbunden werden. In diesem Kreislauf von Verleugnung und Verdrängung gibt es nur eine Sicherheit: die Sicherheit, dass auch die Wiederholung versagt und sich das Versagen wiederholt. Damit kommen wir zu unserer abschließenden Beurteilung, die am Ende des Buches ausführlich dargestellt wird. Wenn das habituelle Versagen, wie unsere These lautet, keinen Unterschied macht, wie können wir dann dessen potenziell zerstörerische Auswirkungen auf unser Leben isolieren, identifizieren und abmildern? Oder, kurz gesagt, wie können wir uns besser an das Versagen in unserer (jüngeren) Vergangenheit erinnern und uns der Monetarisierung jener Fehlschläge widersetzen, die in der Zukunft noch kommen werden?

Kapitel 1

DIE MASCHINE DER VERSPRECHEN: ZWISCHEN »TECHNIKVERSAGEN« UND MARKTVERSAGEN

Um die Bedingungen herauszuarbeiten, unter denen Versagen entweder willkommen geheißen oder geleugnet wird, führen wir in diesem Kapitel das Konzept des »Technikversagens« ein – den Ausfall oder das fehlerhafte Funktionieren technischer Geräte wie etwa von Mobiltelefonen, digitalen Schnittstellen und Infrastrukturen oder PCs.

Bevor wir uns in der zweiten Hälfte dieses Buches mit Fallstudien über technologisches oder finanzielles Versagen befassen wie zum Beispiel den Pufferzeiten oder den derivativen Erscheinungsformen, müssen wir uns zunächst mit einer umfassenderen Theorie des Versagens vertraut machen. Dazu betrachten wir das Versagen unter den Aspekten der Erkenntnistheorie, des Affekts und der politischen Ökonomie. Im Silicon Valley und an der Wall Street ist das Versagen kein Zufall, kein unerwartetes einmaliges Ereignis; es funktioniert vielmehr wie eine Handelsware und wird entsprechend monetarisiert, getauscht und bewertet. Doch wie genau vollzieht sich die Inwertsetzung des Versagens? Indem eine Maschine gebrochener Versprechen erschaffen und instand gehalten wird. Der Finanz- wie der Technologiebereich stützen sich auf eine neue Art der Klassifizierung – das »austinische Versprechen«, das »agnostische Versprechen« und das »verzögerte Versprechen« –, die wir in diesem Buch definieren und eingehend untersuchen werden.

Zum Schluss beziehen wir diese dreiteilige Kategorisierung auf das wohlfeile Versprechen von Zweckdienlichkeit und Bequemlichkeit, bei dem besonders sofortige Verfügbarkeit und unverzügliche Belohnung betont werden. Ausgehend von dem Werk von Thomas Tierney (1993) verstehen wir unter Bequemlichkeit wesentlich mehr als nur den utilitaristischen Wunsch nach Maximierung der Annehmlichkeit und Vermeidung von Schmerz; sie signalisiert vielmehr einen Paradigmenwechsel in unserem Verhältnis zu unserem Körper und Lebensumfeld. Paradoxerweise hat das Streben nach Bequemlichkeit – ein Versprechen, das gleichermaßen das Silicon Valley und die Wall Street ständig brechen – im individuellen wie im kollektiven Rahmen zu einer Zunahme von Angst, Schulden und Krisenhaftigkeit geführt.

Das Verleugnen des Versagens

Das Versagen ist allgegenwärtig, wird aber nicht immer als solches erkannt. Manche Banken sind »zu groß, um zu scheitern«, und das Internet wird häufig als immun gegen das Versagen betrachtet dank seiner dezentralen und vermeintlich immateriellen Natur. In Wirklichkeit ist diese vermutete Unverwundbarkeit keineswegs ein charakteristisches Merkmal eines komplexen, globalen Netzwerks, das auf einer Cloud-Architektur und Glasfaserkabeln auf dem Meeresgrund beruht. In einem alarmierenden Bericht über die wachsende Abhängigkeit von Cloud Computing warnt Tung-Hui Hu: »Eine Branche mit Multi-Milliarden-Umsätzen, die eine Verlässlichkeit von 99,999 Prozent für sich reklamiert, hat viel häufiger mit Störungen zu kämpfen, als man vermuten würde, weil sie auf spröden Glasfasern beruht, die kaum breiter sind als ein paar Haare« (2016, ix). Hu weist zudem darauf hin, dass die Neigung, sich in Bezug auf digitale Infrastrukturen ins Abstrakte zu flüchten, nicht nur irreführend ist, sondern auch weitreichende politische und philosophische Implikationen birgt. Der Diskurs über »Immaterialität« (auf den wir in Kapitel 3 ausführlicher eingehen werden) ist eine zentrale Taktik, um die Macht der ökonomischen und der digitalen Spaltung aufrecht zu erhalten. Dabei wird das Internet als ein undurchsichtiges, grenzenloses und ahistorisches System der Vernetzung und des Zugangs zu Informationen dargestellt. Die digitale Immaterialität ist ein solch einflussreicher Mythos, weil sie den Nutzern hilft, die physische, sich stetig ausdehnende globale Infrastruktur zu vergessen, die das Surfen im Netz ermöglicht. Wie Medien- und Infrastrukturexperten immer wieder betonen, ist es von entscheidender Bedeutung, die materiellen Bedingungen des Internets zu erforschen (Thackara 2005; Parks und Starosielski 2015).

Um zu verstehen, warum und auf welche Weise diese Fragilität so häufig bestritten wird, müssen wir zunächst eine Theorie des »Technikversagens« formulieren. Das umfasst mehr, als lediglich eine Reihe von technologischen Fehlschlägen und untauglichen Produkten aufzuführen, was häufig nach dem vertrauten Muster des »Scheiterns als Erfolg« versucht wird. In dieser Hinsicht erwies sich eine gescheiterte Erfindung wie das »Katzentelefon« von 1929 als wichtige Grundlage für die Entwicklung von Cochlea-Implantaten, und der rasch in der Versenkung verschwundene 50-Millimeter-Film ebnete den Weg für das Breitbildformat CinemaScope (Belton 2009; Sterne 2009). Im Hinblick auf dieses verbreitete Muster erinnert Lisa Nakamura daran, dass »die Einstufung eines Objekts als Fehlschlag eine besonders erfolgreiche Strategie ist, wenn es sich dabei um eine frühe Version eines Objekts handelt, das später besonders populär oder sehr bewundert wird« (2009, 87). Sie nimmt sich eine weiter verbreitete und bekanntere Form des Versagens vor: die PowerPoint-Präsentation. Wer schon einmal an einer wissenschaftlichen Konferenz teilgenommen hat, weiß nur zu gut, dass diese visuelle Gedächtnisstütze zu nervenaufreibenden Momenten, Hilflosigkeit und verzweifelten Appellen an die technische Hilfsabteilung führen kann, die immer gerade dann nicht greifbar ist. Nakamura schreibt: »Augenblicke missglückter Präsentationen durchziehen Konferenzen und Klassenzimmer wie Rosinen einen Pudding – sie sind allgegenwärtig, auch wenn sie nicht die ganze Zeit auftreten« (2009, 87). Richten wir unseren Blick auf endemisches Versagen – nicht auf monumentale kommerzielle

Fehlschläge wie etwa den Lisa-Computer von Apple –, können wir besser verstehen, warum bestimmte Fehlschläge in das kollektive Gedächtnis und die Vorstellungswelt eingehen und andere schlicht ignoriert werden.

Dass Nakamura der Allgegenwärtigkeit von Technikversagen besondere Aufmerksamkeit widmet, bewahrt sie nicht davor, sich auf die Benutzer zu konzentrieren – statt auf die inhärent störanfälligen Maschinen und Infrastrukturen. Halb im Scherz beendet sie ihren PowerPoint-Verriss mit dem Vorschlag: »Anstatt unsere mangelnde Fähigkeit zu beklagen, mit dem Gewirr von Kabeln, Adaptern, Fernbedienungen, Energiequellen und Speichersticks richtig umzugehen, sollten wir vielleicht lernen, dieses vermeintliche Versagen als Abgrenzung und paradoxe Zurschaustellung von Fachwissen zu begreifen« (2009, 87). Sollen wir Experten für das Versagen werden? Besteht die Lösung tatsächlich darin, »auf bessere Art zu versagen?«, wie sowohl Samuel Beckett (1995) als auch Mark Zuckerberg uns nahelegen? Dieses Kapitel möchte jene Fragen beantworten durch eine Neudeutung des Versagens als Ware. Technologisches Versagen wie etwa begrenzte Akkulebensdauer, digitale Verzögerungen oder eingefrorene Bildschirme, die nicht mehr reagieren, sind eine wirkungsvolle Stütze für ein Geschäftsmodell des Upgradens und der geplanten Obsoleszenz, das von grundlegender Bedeutung ist für die Ausbreitung »habitueller neuer Medien« (Chun 2016). In der Kultur des Beta-Testens sind Instandhaltung und Reparatur nicht mehr erwünscht. Technologiegiganten wie Apple machen sie sogar praktisch unmöglich. Im Unterschied zu einem jahrzehntealten Boiler ist ein iPhone strategisch konstruiert als ein intransparentes, urheberrechtlich geschütztes Gerät, das nur in anerkannten Apple Stores repariert werden kann. Vor einigen Jahren versuchte Apple eine gesetzliche Regelung zu verhindern, die es iPhone-Nutzern erleichtern sollte, ihre Smartphones und andere elektronische Geräte zu reparieren (Koebler 2017). Der juristische Kampf gegen das »Recht auf Reparatur«, das der US-Bundesstaat Kalifornien einführen wollte, zeigte, wie weit Apple, Microsoft und Samsung zu gehen bereit sind, um Kunden und unabhängige Elektronikhändler daran zu hindern, die Lebensdauer ihrer Geräte zu verlängern (Koebler 2017). Während geplante Obsoleszenz von entscheidender Bedeutung ist für den Erfolg der Geräteindustrie, kann das Versagen auch im Bereich der Aktien und Derivate rasch in Gewinne umgemünzt werden durch »Short Selling« (d. h., man verkauft eine Aktie, wartet, bis ihr Kurs fällt, und kauft sie dann zurück). Im Bereich der Technologie können Probleme wie Langsamkeit, Verbindungsunterbrechungen oder unreparierbare Hardware strategisch implementiert werden, um die Nutzer zu zwingen, sich für »Premiumservices« zu entscheiden. Dieses vermeintliche Versagen schafft daher erfolgreich einen Markt, der ständig nach neuen Modellen und »Disruption« (ein Schlüsselwort des Silicon Valley) verlangt. In einem Artikel darüber, wie Übertragungstechnologien ein »neues Klassensystem« hervorbringen, erklärt Sean Cubitt, dass »der Zweck der Kontrolle über Informationen darin besteht, die Übertragung zu verzögern. Wir glauben, wenn wir mehr bezahlen für einen Premiumservice, erhalten wir eine bevorzugte Lieferung von Nachrichten- und Unterhaltungsangeboten; in Wirklichkeit zahlen wir das Geld dafür, dass die Angebote fristgerecht geliefert werden, denn ohne diesen Zusatzservice ist die Belieferung verzögert und oft im Umfang eingeschränkt (2014, 4).« Das führt zu einer digitalen Spaltung, die das Medienerlebnis der Nutzer weiter individualisiert.

Dennoch erscheinen technische Fehlschläge und Störungen noch immer wie »Rosinen in einem Pudding«, um Nakamuras Metapher aufzugreifen. Mit ihrer Betonung des allgegenwärtigen Versagens gehört ihr Essay zu der wachsenden Zahl von Literatur, die wir in der Einleitung erwähnt haben. Auf Grundlage der vier Denkschulen, die wir angesprochen haben – Wissenschaft, Wirtschaftsliteratur sowie Queer Studies und Infrastrukturforschung –, möchten wir drei Kategorien herausarbeiten, die hilfreich sein werden für unsere These des großen Stellenwerts und der strategischen Nutzung des Versagens: zum einen die grundlegende Bedeutung der Technologie für die Gewinnung neuer Erkenntnisse über die Maschinen und damit auch für ein neues

Verständnis der Welt; zum zweiten das Scheitern als »affektive Ökonomie«, wie es Sara Ahmed nennt; und drittens das Versagen als inhärenter Bestandteil der Marktlogik des Kapitalismus und dessen Abhängigkeit von Kredit, Schulden und Derivaten. Diese Kategorien sind hilfreich bei der Untersuchung der *Epistemologie, des Affekts* und *der politischen Ökonomie* des Versagens.

Die Epistemologie des Versagens

Während Karl Poppers Prinzipien dazu dienen können, eine gescheiterte wissenschaftliche Theorie von einer erfolgreichen zu unterscheiden, kann man Martin Heidegger gewissermaßen als Paten der aufstrebenden Disziplin der Failure Studies, der Studien über das Versagen, betrachten. Im Heiddeger'schen Denken ist die Welt »vorhanden« – sie erschließt sich uns durch den praktischen Umgang mit Werkzeugen oder Dingen. Doch die beziehungsbezogene Funktion von Objekten – die Art und Weise, wie sie in einem bestimmten Umfeld eine bestimmte Substanz oder Funktion hervorbringen – kommt erst zum Vorschein, wenn sie versagen, in dem Augenblick, in dem »das Objekt plötzlich Aufmerksamkeit für sich selbst verlangt« (Graham und Thrift 2007, 8). Es gibt allerdings einen wichtigen Unterschied zwischen Versagen und Zusammenbruch. Heideggers Begriff der Vorhandenheit bezieht sich auf Momente des Zusammenbrechens. Während sich das Versagen unter einer Zielvorgabe in der Welt ereignet, kann ein Zusammenbruch auch ohne unser unmittelbares Zutun erfolgen. Man nehme als Beispiel die folgende Beschreibung eines häufig auftretenden Computerversagens:

Jemand sitzt am Computer und konzentriert sich auf den Text, den er schreibt, und plötzlich stürzt das Gerät ab. Die vertraute Welt rund um den Computer – das aufgeschlagene Buch, die Tastatur, der Bildschirm, die Tasse Kaffee, kurz gesagt, das ganze aufeinander bezogene Netzwerk, das Heidegger eine Welt nennt – wird schlagartig zerstört. Der Computer verwandelt sich aus etwas Handlichem oder leicht Handhabbarem, das diese Welt formt, zu etwas, das Heidegger als Vorhandenes bezeichnet. [...] Seine Transparenz weicht der Undurchsichtigkeit. Der Computer kann nicht mehr zum Schreiben benutzt werden, sondern verlangt plötzlich, dass man sich mit ihm selbst beschäftigt (Verbeek 2004, 79).

Dieser Moment bedarf einer detaillierten Betrachtung. Der Heidegger'sche Versuch, Bruch und Erkenntnis zusammenzuführen – den Augenblick des Versagens und die Erzeugung von Wissen –, wird im Zeitalter der digitalen und mobilen Technologien auf die Probe gestellt. Wenn diese Geräte zusammenbrechen, geben sie nicht notwendigerweise neue Erkenntnisse über ihre Funktionsweise preis oder über die Welt, in der sie eingesetzt werden. Während ein Gegenstand wie ein Spiegel oder ein Glas krachend in Scherben zerspringt (und damit die Aufmerksamkeit auf seine fragile Materialität lenkt), gibt ein Smartphone häufig leise und zunächst unbemerkt seinen Geist auf, in einem plötzlich auftretenden Augenblick der Verzögerung, nach einer ausbleibenden Reaktion oder einem »leeren« Akku.

Wie bereits erwähnt, haben sich Unternehmen wie Apple oder Samsung bislang allen Aufforderungen widersetzt, den Nutzern ein »Recht auf Reparatur« einzuräumen. Diese Weigerung hat weitreichende Folgen: »Ohne die Möglichkeit (der Reparatur) kann sich die Welt nicht weiterentwickeln oder wieder leicht handhabbar werden« (Graham und Thrift 2007, 3). Zudem wird die wichtige Unterscheidung zwischen Zusammenbruch und Versagen ständig in Frage gestellt und wir werden in der Folge gezwungen, Heideggers Aussage über die Fähigkeit zur Unterscheidung von Menschen und Werkzeugen in Zweifel zu ziehen. Timothy Barker hat jüngst die Auffassung vertreten, dass man die Technologie heute »als Prozess und nicht als Objekt« verstehen müsse (2018, 10) und sich daher die Medienwissenschaftler darauf konzentrieren sollten, »die Bedingungen für die Möglichkeit von Erfahrung herzustellen« (2018, 7). Wenn wir die digitale Technologie als Prozess oder Konstruktion betrachten – und nicht als eine Reihe isolierter Objekte oder Schnittstellen –, wie können wir dann herausfinden, wann und warum sie versagt oder welches Kriterium wir dafür zur Erklärung anführen können? Wie müssen wir an die Problematik herangehen, um die »Bedingungen für die Möglichkeit« des Versagens einzugrenzen?

Dieser akademische Ansatz wird zusätzlich dadurch verkompliziert, dass unsere versagenden Technologien die ihnen zugrundeliegende Logik und die verborgene Infrastruktur verschleiern, auf die sie sich stützen. Dies hat ein »Verschwinden der Technologie« zur Folge, was unter anderem von Marc Jarzombek (2016) thematisiert wurde. Jarzombek stellt fest: »Das Wort Technologie ist mittlerweile sinnlos geworden, ein Überbleibsel einer anthropozentrischen Weltsicht von Mensch und Maschine und des flüchtigen Versprechens von *technē*. Die Technologie hat sich verformt zu einer bio-chemo-techno-spirituellen Lebenswelt, die den Menschen ihr Selbstwertgefühl vermittelt. Wir stehen am Beginn eines neuen Abschnitts der Geschichte« (2016, 5). Dieser Paradigmenwechsel transformiert Momente des Zusammenbruchs in eine Kette des Versagens: Versagen darin, die Ursache eines Problems zu ermitteln und zu verstehen; Versagen darin, das Werkzeug zu reparieren, und, wie wir in Kapitel 3 sehen werden, das Versagen dabei, sich an den Zusammenbruch zu erinnern, um die vorherrschenden Deutungen im Umkreis der digitalen Technologien in Frage zu stellen (wie etwa ihre unbegrenzte Anschlussfähigkeit oder ihre vermeintliche Immaterialität).

Anders gesagt, es gibt zwei Gründe, warum das Versagen nicht mehr als erkenntnistheoretisches Instrumentarium fungieren kann: Zum einen können wir Geräte, Körper und Umgebungen nicht mehr voneinander trennen; zum anderen werden unsere technischen Geräte, auch wenn sie nicht mehr funktionieren, nicht transparent, weil die ihnen zugrundeliegende Logik und ihre innere Funktionsweise den Nutzern weiter verborgen bleiben. Aufgrund der zunehmenden Komplexität von Netzwerken und algorithmischen Systemen bleiben die Ingenieure oder Konstrukteure, die hinter diesen Geräten stehen, zumeist im Dunkeln – was sich weiter verstärken wird in einer Welt, die immer mehr auf Algorithmen des Maschinenlernens und auf Künstliche Intelligenz setzt (O'Neil 2016). Noch gravierender ist, dass sich die Spaltung der Arbeitswelt vertieft: Während unterbezahlte Arbeitskräfte in einer Mine im Kongo Coltan fördern oder im Globalen Süden elektronische Geräte zusammenbauen, werden hochbezahlte Fachleute, die meist in westlichen Ländern und in den Küstenstädten Nordamerikas leben, damit beauftragt, diese Geräte zu konstruieren und zu entwickeln (Mantz 2008). Diese strategischen Spaltungen der Arbeitswelt werden benutzt, um »Geeky Silos« zu schaffen, wie die britische Wirtschaftsjournalistin Gillian Tett das Konzept bezeichnet, »dass kleine Kader von Technikexperten, die öffentlich nicht in Erscheinung treten, die Grenzen ihrer jeweiligen Disziplinen in einer Art und Weise immer weiter verschieben, die durchaus gefährlich werden könnte« (2009). Ein Ergebnis dieser Expertenkultur ist die unablässig wachsende Branche der Callcenter, die Nutzer dabei unterstützen sollen, mit dem »massenhaften, routinemäßigen Versagen der Computersysteme zurechtzukommen« (Graham und Thrift 2007, 12). Auch die Nutzer der Geräte sind zum größten Teil im Westen ansässig, während die Arbeitskräfte, die ihnen hilfreich zur Seite stehen, im Globalen Süden rekrutiert werden.

Dieser Mangel an Transparenz ist die *raison d'être* der »Black Box Society« (Pasquale 2016). Algorithmische Systeme, inklusive jener, die in der Finanzwirtschaft zum Einsatz kommen, werden hinter dem Rauchvorhang geistigen Eigentums und spezialisierten Wissens verborgen. In seiner Analyse dieses Blackbox-Modells erklärt Frank Pasquale: »Wir können ein Thema, über das nichts bekannt ist, nicht untersuchen und auch nicht verstehen. Amateur-Epistemologen haben für dieses Problem zahlreiche Bezeichnungen gefunden. Das ›unbekannte Unbekannte‹, ›schwarze Schwäne‹ und ›tiefe Geheimnisse‹ sind beliebte Schlagwörter für diese zahlreichen Arten sozialer Leere« (2016, 1). Diese Informationsasymmetrie führe zu einem wachsenden Interesse an der Disziplin der »Agnotology«, welche die »strukturelle Erschaffung und Aufrechterhaltung von Unwissen untersucht, das durch Gleichgültigkeit, Vergesslichkeit,

Kurzsichtigkeit, Löschung, Geheimhaltung oder Unterdrückung entsteht« (2016, 1). Aufbauend auf dem Werk von Robert Proctor und Londa Schiebinger (2008), die den Begriff popularisiert haben durch ihre Untersuchung einer Politik der bewussten Verheimlichung oder Verfälschung von Informationen, erklärt Pasquale, dass das Versagen dabei, unsere Maschinen zu verstehen, keineswegs ein Zufall ist. Es wird durch die Technologiekonzerne und die Finanzkonglomerate bewusst gefördert und aufrechterhalten, um die Weiterverbreitung von Wissen und Bildung zu unterbinden, das für politischen Widerstand erforderlich ist.

Der epistemologische Bruch, der es den Nutzern erschwert, aus diesem Versagen zu lernen, wird zusätzlich verschärft durch die neoliberale Vereinnahmung des Technikversagens. Wie wir in Kapitel 2 sehen werden, sind das Versagen und das Testen zu bestimmenden Merkmalen des postindustriellen Designs und des zukunftsorientierten Zeitregimes geworden. Das Projekt des modernen Technikdesigns versuchte das Versagen zu vermeiden, doch die postindustrielle Logik beruht auf dem Muster »früh versagen, häufig versagen« (Tonkinwise 2016). Das Technikversagen ist daher ein sich wiederholendes, alltägliches Ereignis und keine einmalige Angelegenheit. Die zahlreichen Momente, in denen ein Computerbildschirm »einfriert«, sind Bestandteile eines Produkttests, durch den wir dazu gedrängt werden sollen, »einen Bericht zu senden« oder den Vorfall zu »ignorieren« (eine Wahlmöglichkeit, die meistens dazu führt, dass man den Vorfall ignoriert und schließlich vergisst).

Eine weitere spezifische Subkategorie des Technikversagens ist die bereits erwähnte »geplante Obsoleszenz«. Dieses Geschäftsmodell beruht darauf, dass Produkte mit einer künstlich begrenzten Lebensdauer entwickelt werden: »Die Logik hinter dieser Strategie besteht darin, langfristiges Absatzvolumen zu generieren, indem man die Zeit zwischen den sich wiederholenden Käufen reduziert« (Bao et al. 2010, 296). In der Wirtschaftsliteratur wird dies häufig als »Verkürzung des Lebenszyklus« bezeichnet (Bao et al. 2010). In seinem grundlegenden

Werk *The Waste Makers* aus dem Jahr 1960 erklärte Vance Packard, dass dieses schädliche Geschäftsmodell im Grunde eine amerikanische Erfindung ist. Ausgehend von Packards wegweisender Analyse der amerikanischen Konsumgesellschaft konnte Giles Slade die erste Ausformung dieses Geschäftsmodells in den USA bis ins Jahr 1913 zurückverfolgen, als die Einführung des elektrischen Anlassers in Automobilen »die Obsoleszenz im Land allgemein bekannt machte, weil alle früher gebauten Autos dadurch plötzlich als veraltet galten« (2007, 11). Dies war der Beginn der unablässigen Versuche, den »wiederkehrenden Konsum« des gleichen Produkts zu verankern. Der »jährliche Modellwechsel«, dessen jüngste Verkörperung die zeremonielle Markteinführung des neuen iPhones ist, wurde in den 1920er Jahren von General Motors und anderen Autoherstellern begründet. Die Idee, dass der Chevrolet des Baujahres 1923 besser sei als das Modell von 1922, ebnete den Weg zur »psychologischen, fortschreitenden oder dynamischen Obsoleszenz«, wie es Slade nennt (2007, 3). Diese besorgniserregende Entwicklung wirft mehrere Fragen auf: Wie können wir das Versagen im Zeitalter der Obsoleszenz theoretisch erfassen? Wenn eine Technologie auf ihr Versagen hin entwickelt wird, soll es dann als Erfolg betrachtet werden? Und welche Erkenntnisse kann uns das Versagen eines einstmals dominierenden Geschäftsmodells der Instandhaltung und Reparatur über die dem Neoliberalismus zugrundeliegende Logik liefern?

Auch der akademische Bereich und die kreativen Berufe sind vom Konzept der Obsoleszenz nicht verschont geblieben; es hat sich von der Warenwelt auf die menschlichen »Wissensarbeiter« ausgedehnt (Terranova 2000). Dass Akademiker, freiberufliche Autoren und andere Wissensarbeiter ihre Fertigkeiten regelmäßig »updaten« müssen, wenn sie vermeiden wollen, dass diese obsolet werden, werden wir in Kapitel 2 ausführlicher darlegen. Zunächst kann uns diese kurze Auseinandersetzung mit Obsoleszenz helfen zu verstehen, wie große Konglomerate und die Technologiebranche das Versagen vereinnahmen und umdeuten. Dieses Modell des gewollten Versagens ebnet den Weg für die

Herausbildung affektiver Ökonomien, die häufig gleichermaßen von Nutzern wie Wissenschaftlern ausgeblendet werden.

Die affektive Ökonomie des Versagens

Um die besondere Bedeutung des Versagens im unternehmerischen Zeitalter erfassen zu können, müssen wir es auch als »affektive Ökonomie« betrachten. Entgegen der landläufigen Vorstellung, dass Emotionen eine rein »private Angelegenheit« seien, schlägt Sara Ahmed vor, dass wir sie als eine Art »affektive Ökonomie« auffassen sollten: »Anstatt Emotionen als psychologische Dispositionen zu verstehen, sollten wir sie dahingehend untersuchen, wie sie, konkret wie speziell, eine Beziehung herstellen zwischen dem Psychischen und dem Gesellschaftlichen und zwischen dem Individuellen und dem Kollektiven« (2004, 119). Nach Ahmeds Deutung funktioniert die Emotion ähnlich wie das Kapital, das in der gesellschaftlichen Sphäre akkumuliert wird und zirkuliert; wie das Kapital ist sie nicht an ein spezifisches Objekt, ein Zeichen oder eine Ware gebunden, sondern eine *Bewegung zwischen* unterschiedlichen Objekten und Zeichen. Dieses psycho-ökonomische Modell beruht auf der Freud'schen Vorstellung von Unterdrückung als Prozess, bei dem eine Emotion empfunden wird, deren Ursprung unbewusst bleibt. »Was durch das Bewusstsein unterdrückt wird, ist daher nicht das Gefühl selbst, sondern die Vorstellung, womit dieses Gefühl ursprünglich (wenn auch nur provisorisch) verbunden gewesen sein mag« (2004, 120). Die Angst vor dem Fliegen zum Beispiel kann mithin durchaus als Angst wahrgenommen werden. Wenn wir aber das tiefenpsychologische Modell von Freud zugrunde legen, liegt nahe, dass die Angst vor dem Fliegen ursprünglich die Angst vor dem Tod war – nicht die Angst vor Flugzeugen. Dieses Gefühl wird mit einem spezifischen äußeren Stimulus in Verbindung gebracht (in diesem Fall damit, dass man sich in der Luft befindet), während man seine eigentliche Ursache und den Schrecken, den es auslöst, verbirgt oder verdrängt.

Aufbauend auf Ahmed und in Fortführung des Heidegger'schen Modells vertreten wir die Auffassung, dass das Versagen zu einer affektiven Ökonomie wird, wenn der Gedanke, den es freilegt, umgehend durch einen anderen, weniger bedrohlichen Gedanken ersetzt wird. In Kapitel 3 beziehen wir diese Argumentation auf die Pufferzeiten und andere unerwartete digitale Verzögerungen und formulieren die Annahme, dass diese Augenblicke der verlorenen Zeit mit beruhigenden Ideen in Verbindung gebracht werden können wie etwa: »Diese vorübergehende Störung wird bald behoben sein.« Überdeckt wird dadurch, dass Pufferzeiten eine »fortwährende Angst« erzeugen können, weil sie an der Schwelle zwischen Aktivität und Passivität, zwischen Hilflosigkeit und Kontrolle als Warten erkannt werden (Alexander 2017). Die Deutung von Pufferzeiten als technische Störung, die bald vorbei sein wird, beruht genau auf dem von Ahmed beschriebenen System von »Unterschied und Verdrängung«. In der digitalen Kultur lauert die Angst immer im Hinterkopf der Nutzer. Sei es die »Angst um die Verbindung«, die »Angst um die Akkulebensdauer« oder im Zusammenhang mit dem »vernetzten Zuhause« und dem Internet der Dinge (IoT) – es entsteht eine ganz neue Art von Ängsten darüber, »dass die Geräte uns ihrer Kontrolle unterwerfen« (Petruska und Vanderhoef 2014, 33). In diesem Sinne sind die Pufferzeiten nur ein Beispiel für eine Angst davor, dass man für eine unbestimmte Zeit warten muss, begleitet von dem unerträglichen Gefühl der Hilflosigkeit, das sich beim Anblick von Blackboxes einstellt.

Allgemeiner gefasst sind es zwei Gedanken, die in Bezug auf Technikversagen ersetzt und verdrängt werden: zum einen, dass die digitale Technologie weder mit Zauberei zu tun hat noch ein immaterielles Phänomen ist. Ihre Software, ihre Codes und Algorithmen funktionieren nach einem strengen Regelwerk, während ihre Hardware verschleißen, ausfallen oder falsch bedient werden kann. Sie ist daher unsicher, unzuverlässig und aus strategischen Gründen unreparierbar. Zum zweiten: Was zunächst als Werkzeug zur Bezwingung der Natur gedacht war, hat sich zu einer Ausweitung des Informationskapitalismus entwickelt.

Die Computertechnologie ist ein Macht- und Kontrollsystem, das auf der Asymmetrie von Information und der Gewinnung von Daten sowie der Erzeugung von Aufmerksamkeit beruht (durch das traditionellere Modelle der Wertschöpfung wie Arbeitszeit ersetzt worden sind).

Die Nutzer registrieren diese Aspekte jedoch gewöhnlich nicht auf diese Weise. Aus ihrer Perspektive drängt sich eher die besorgniserregende Erkenntnis auf, dass sie die Kontrolle über ihr Gerät verlieren, nicht mehr in der Lage sind, es zu reparieren, und jemand anderes mit ihrer Unsicherheit Geld verdient. Häufig werden diese Ängste vom Gerät auf den Nutzer selbst oder auf andere Menschen umgeleitet, etwa indem andere für die Störung verantwortlich gemacht werden (»Die Nachbarn nehmen zu viel Netz in Anspruch«) oder indem man sich selbst vorwirft, mit dem Router nicht richtig umgehen zu können oder den Empfangsbereich verlassen zu haben. Selbst wenn die Langsamkeit der Verbindung strategischer oder systematischer Art ist (was sehr häufig der Fall ist, wie wir in Kapitel 3 sehen werden), suchen die Nutzer nur selten die Schuld bei der Technologie, deren Entwicklern oder dem Unternehmen, das die Geräte und digitalen Dienstleistungen produziert, bereitstellt und vermarktet.

Das sind keine privaten und subjektiven Reaktionen des Gefühls oder Intellekts. Innerhalb der affektiven Ökonomie kann man die Verdrängung der Abhängigkeit des Menschen von der Maschine als Form eines *kollektiven (oder kollektivierten) Versagens* verstehen. Dieses Versagen hat oft einen diskriminierenden Effekt: Technikversagen tritt häufiger auf und mit tiefgreifenderen Wirkungen, wenn die Nutzer nicht über die digitale oder algorithmische Kompetenz verfügen, um die Konstruktion und Infrastruktur ihrer Geräte zu verstehen. Das wird immer problematischer, je stärker die digitalen Technologien und Dienste von komplexen Algorithmen bestimmt werden. Die Gefahren dieser Systeme, die den Rahmen dieses Buches sprengen würden, standen im Mittelpunkt mehrerer wichtiger Arbeiten im vergangenen Jahrzehnt (O'Neil 2016; Cheney-Lippold 2017). John Cheney-Lippold (2017) warnt zum Beispiel davor, dass man auf

Grundlage von Berechnungen undurchsichtiger Algorithmen ins Gefängnis gesteckt werden oder sogar ins Visier einer mit Waffen bestückten Drohne geraten oder einem eine lebenswichtige medizinische Behandlung vorenthalten werden könnte.

Wir sind uns der Bedeutung dieser Thematik bewusst, möchten uns aber auf die gewöhnlichen und allgemein verbreiteten Formen von Technikversagen konzentrieren. Verbindungsprobleme und Wartezeiten treten in der Regel sporadisch und unerwartet auf und treffen die Nutzer an unterschiedlichen Orten und zu unterschiedlichen Zeiten. Ihre Fähigkeit, diese Störungen in vollem Umfang zu verstehen und schließlich zu beheben – oder sie den skrupellosen Geschäftsmodellen der Technologiefirmen anzulasten – ist allerdings sehr begrenzt.

Die Ökonomie des Versagens

Mit der Verbindung von Affekt und Kapital hat sich Ahmed wie zahlreiche andere Wissenschaftler genau damit auseinandergesetzt, dass das »rechnerische Kalkül« der kapitalistischen Wirtschaft, von dem Max Weber sprach, in den vergangenen Jahrzehnten ins Extreme gesteigert worden ist. Das Individuum wird heute oft »gewissermaßen als eine Art von Unternehmen« betrachtet, »das danach strebt, seine Existenz durch kalkulierte Handlungen und Anlageentscheidungen zu verbessern und zu Geld zu machen« (Rose 1999, 164). Indem dieser Kult des Kalkulierens eine politische oder strukturelle Kritik des Neoliberalismus verhinderte, hat er eine Welt hervorgebracht, in der wir uns, wenn wir wiederholt scheitern, selbst die Schuld dafür zuschreiben.

In Kapitel 2 werden wir die Hintergründe der Monetarisierung des Versagens und der demgegenüber wohlwollenden Einstellung des Silicon Valley zurückverfolgen bis zur Entdeckung von Innovation, Risiko und Krise durch Denker wie Joseph Schumpeter Mitte des 20. Jahrhunderts. Sowohl Marx wie auch Schumpeter haben klargestellt, dass Marktversagen ein integraler Bestandteil des Konjunkturzyklus ist und nicht Endpunkt der Entwicklung des Kapitalismus. Das Versagen ist inhärentes Merkmal des Kapitalismus; es ist mehr die Regel denn die Ausnahme. Während Marx als einer der ersten Philosophen die Auffassung vertrat, dass der Kapitalismus (wünschenswerterweise) zum Untergang verurteilt sei, entwickelte Schumpeter eine spezifischere Theorie darüber, welche Rolle das Versagen bei der Expansion der Kapitalströme spielt. Schumpeter, ein Nationalökonom aus Österreich, der in den USA lebte und arbeitete, stimmte Marx darin zu, dass der Kapitalismus letztlich zusammenbrechen würde. Doch im Unterschied zu Marx' Vorhersage einer proletarischen Revolution glaubte Schumpeter, dass die notwendigen Voraussetzungen für die »schöpferische Zerstörung«, wie er es nannte, allmählich verschwinden würden. In seinem wegweisenden Werk *Kapitalismus, Sozialismus und Demokratie,* das 1942 erschien, vertrat er die Auffassung, dass das Versagen in den kapitalistischen »Konjunkturzyklen« von Prosperität und Niedergang angelegt sei. Er identifizierte zwei Arten von Versagen: zum einen das Versagen von Innovationen, die von risikobereiten Unternehmern entwickelt und umgesetzt werden. In einem Prozess, welcher der natürlichen Auslese ähnelt, scheitern viele dieser neuen Produkte – aber ebnen gleichzeitig den Weg für verbesserte Technologien und die Entdeckung neuer Märkte. Die zweite Art des Versagens vollzieht sich paradoxerweise dann, wenn eine Innovation erfolgreich ist und die Mitbewerber scheitern. So wird zum Beispiel Netflix häufig vorgehalten, dass es Marktführer im Bereich des Videoverleihs »gekillt« habe. In beiden Fällen ist das Versagen der Motor der Innovation und der Expansion, jener beiden Kräfte, von denen der Kapitalismus abhängig ist. Jüngst trat der Wagniskapitalgeber auf den Plan, einer der prägendsten Gestalten des Neoliberalismus im 21. Jahrhundert und dessen »homo oeconomicus«.

Das gegenwärtige Versagen des Neoliberalismus besteht nicht in dem Unvermögen, Monopole wie die Technologiegiganten des Silicon Valley einer Regulierung zu unterwerfen. Unter Bezug auf Schumpeter hat einer von uns die Auffassung vertreten, dass die Rezession von 2008 ein linguistisches, nicht nur ein ökonomisches Versagen verkörpert hat (Appadurai 2015). Der Marktzusammenbruch war nicht nur eine unmittelbare Folge von Gier oder fehlender Regulierung, sondern auch inhärentes Merkmal einer auf derivativen Finanzinstrumenten beruhenden Ökonomie. Die Derivate fungieren gewissermaßen wie ein »Versprechen auf die unsichere Zukunft«, und das Versagen des Derivatemarktes beruht auf einer Reihe von systemischen und risikobehafteten gescheiterten Versprechen. Das Problem besteht dabei nicht nur darin, dass es eine Wette auf eine unsichere Zukunft ist, sondern dass bei dieser Wette der Fremdkapitalanteil erhöht und in Schulden umgewandelt wird, statt in einen Aktivposten (siehe dazu Kapitel 4).

Diese Theorie veranschaulicht unser Verständnis von Versagen als unmittelbares Resultat einer Maschine gebrochener Versprechen. Diese Maschine ist die *raison d'être* der Wall Street wie des Silicon Valley. Zu ihrer Darstellung bedarf es einer Taxonomie des Versprechens.

Die Maschine gebrochener Versprechen

Das Konzept des Versprechens ist von zentraler Bedeutung für unsere Analyse des Versagens. Wir möchten drei Kategorien des Versprechens unterscheiden: das *austinische,* das *agonistische* und das *aufgeschobene* Versprechen. So verschieden diese Arten von Versprechen auch sein mögen, sie alle präsentieren sich als performative Äußerungen, die die Bedingungen ihrer eigenen Wahrheit erschaffen. Denn sobald man ein Versprechen abgibt, kreiert man eine Welt, in der dieses Versprechen eingelöst werden kann. Häufig wird ein Versprechen als Option betrachtet, aus der sich eine Schlussfolgerung ergibt: Sie beruht auf einer Wenn/dann-Aussage oder einer bedingten Anweisung wie zum Beispiel: »Wenn du deine Hausaufgaben machst, kriegst du ein Eis.« Diese Art von Versprechen wird meist unter Bedingungen der Gewissheit abgegeben: Es gibt nichts, was die Eltern davon abhalten könnte, dem Kind das Eis zu kaufen und in die Hand zu geben. Die triadische Struktur des Versprechens, die uns interessiert, bezieht sich hingegen auf Bedingungen der Unsicherheit, des Risikos und der Beschränkung. Diese Versprechen werden entweder abgegeben, um sie brechen zu können, oder ihre Erfüllung ist sehr unwahrscheinlich. Ihr Scheitern ist daher immanent und vorhersagbar; dennoch definieren diese performativen Akte die Logik, die den Finanzmärkten und in geringerem Ausmaß auch der Tech-Branche zugrunde liegt.

Austinisches/performatives Versprechen
Zu dieser Kategorie, benannt nach John Langshaw Austins Sprechakttheorie und seinen Untersuchungen sprachlicher Handlungen (1975), zählen unter anderem Verträge zwischen zwei Parteien, in denen sich die Partei, die unterliegt, verpflichtet, der Gegenpartei eine vereinbarte Summe Geld zu zahlen, die sich auf den künftigen Preis bestimmter Vermögenswerte bezieht. Dieser Kontrakt ist daher ein *Versprechen über eine unsichere Zukunft*. Diese Art von Versprechen ist in dem Sinne performativ, dass der bloße Akt des Versprechens für beide Beteiligten bindend ist. Die Vereinbarung und das Versprechen sind ein und dasselbe. Vor allem aber ist es spekulativ, denn es kalkuliert Wahrscheinlichkeiten und Beschränkungen ein und enthält somit einen Risikofaktor, weil unbekannt ist und auch bleiben wird, wie hoch der Preis des Vermögenswerts am Ende der vereinbarten Laufzeit sein wird. Wer einen solchen Vertrag unterzeichnet, weiß, dass er Geld oder den gesamten Vermögenswert verlieren kann.

Agonistisches Versprechen
Im Unterschied zum austinischen erfordert das agonistische Versprechen, dass sich die beiden beteiligten Parteien gleichzeitig und wechselseitig exklusiv versprechen, der anderen Seite eine bestimmte Summe zu zahlen, so dass beide Versprechen (die zusammen den Kontrakt bilden) denselben Gelingensbedingungen unterliegen. Das zweite Kennzeichen eines solchen agonistischen Versprechens besteht darin, dass es auf der unbegrenzten Handelbarkeit eines bestimmten Bündels von Vermögenswerten beruht

(diese Vermögenswerte werden häufig Wertpapiere genannt), was in gewisser Weise dem unaufhörlichen Geldumlauf ähnelt. Das Versagen – der Zusammenbruch – erfolgt, wenn die Beziehungen zwischen Käufern und Verkäufern dieser Vermögenswerte gestört werden, weil aufgrund eines Mangels an Käufern keine größeren Stückzahlen dieses Instruments mehr gehandelt werden können, sich dadurch ein enormer Schuldenberg auftürmt und nicht mehr genügend Abnehmer bereitstehen, die einen Teil des aufgehäuften Risikos übernehmen. Dieser Unterschied – dass es zu viele Verkäufer und nur noch wenige verbliebene Käufer gibt – ist von entscheidender Bedeutung, denn er ermöglicht es uns, den Blick vom individuellen Versagen auf das kollektive Versagen zu richten. Das agonistische Versprechen, das Derivategeschäften zugrunde liegt, mit denen wir uns in Kapitel 4 befassen werden, ist ein Beispiel für »aleatorische« Kontrakte, wie es Rechtstheoretiker nennen, Kontrakte, deren Erfüllung von zukünftigen Bedingungen abhängt, die beiden vertragsschließenden Parteien unbekannt sind. Aleatorische Kontrakte wie auch agonistische Versprechen kann man im Licht von Austins Theorie der Versprechen als performative Elemente betrachten, weil ihre Äußerung in Form von Sprechakten (denen eine schriftliche oder elektronische Bestätigung folgt) auch garantiert, dass sie in moralischer wie rechtlicher Hinsicht eine Bindewirkung zwischen den vertragschließenden Parteien entfalten.

Aufgeschobenes Versprechen
Dieses Versprechen wird von einer Firma oder einer Person abgegeben, der bekannt ist, dass sie die Bedingungen, die für seine Einlösung erforderlich sind, nicht erfüllen kann und diese daher unbegrenzt hinauszögert. Dies kann man auch als Subkategorie von falschen Versprechen betrachten. Es ist ein Modell, das sehr gut zur »Einhorn«-Idee passt: Darunter versteht man ein Startup-Unternehmen, das Gewinne erzielen wird, die das ursprünglich investierte Wagniskapital oder den Kaufpreis um ein Millionenfaches übersteigen. Die Investoren, die solche Finanzentscheidungen treffen, bei denen es stets um zweistellige

45

Millionenbeträge geht, gehören zu der neu entstandenen Gruppe wohlhabender spekulativer Kapitalbesitzer, die sich auf aufgeschobene Versprechen spezialisiert haben. Ein anderes Beispiel für aufgeschobene Versprechen ist das Return-on-Investment-Modell (ROI), das die Rendite einer unternehmerischen Tätigkeit gemessen am Erfolg im Verhältnis zum eingesetzten Kapital beschreibt.

Dass das Silicon Valley auf aufgeschobene Versprechen setzt, zeigt sich darin, dass viele seiner erfolgreichsten Unternehmen keine Gewinne erwirtschaften oder erst nach zahlreichen Jahren profitabel werden. In Bezug auf die »Versagenstoleranz« des Silicon Valley verwies Adrian Daub darauf, dass »das Scheitern eine unterschiedliche Bedeutung hat, die davon abhängt, wem es widerfährt. Wenn ein herkömmlicher Betrieb in finanzielle Schwierigkeiten gerät, weil ein unregulierter digitaler Wettbewerber in den Markt eintritt, dann hat diese traditionelle Firma den Untergang verdient. Wenn aber ein disruptives Unternehmen aus dem Bereich der New Economy Milliardenverluste schreibt, dann ist das ein Zeichen dafür, wie revolutionär und wagemutig diese Firma ist« (2018, 23). Im Rahmen von »Disruption« und »Skalierbarkeit« lässt sich das Profitabilitätsversprechen bis in die Unendlichkeit aufschieben.

Es ist jedoch wichtig, zwischen Bankern und Risikokapitalgebern zu unterscheiden: Erstere geben Kredite aus, während Letztere Kapital in Startup-Firmen investieren und sich damit in deren Erfolgspotenzial einkaufen. Im Unterschied zu Bankern sind Wagniskapitalgeber bereit, auch das Scheitern des Projekts und den Verlust ihrer Investition in Kauf zu nehmen. Erfolg bedeutet in diesem Zusammenhang, dass eine Firma im Laufe eines Jahrzehnts in eine höhere Bewertung hineinwächst und schließlich zu einem Vielfachen der ursprünglichen Investitionssumme verkauft werden kann. Das ist nicht unbedingt ein falsches Versprechen, eher eine geduldige Wette auf einen möglichen Erfolg. Geld zu verlieren, wird von Wagniskapitalgebern häufig als vorübergehende Notwendigkeit betrachtet, die Innovationen vorantreibt. Dennoch ist es ein Experiment, dessen Ausgang aufgeschoben und unsicher ist. Auf diese Weise wird die Wirtschaft geteilt in Marktteilnehmer, die warten können, und jene, die dies nicht können. Risikokapitalgeber und Investoren wissen genau, dass sie Jahre oder vielleicht sogar Jahrzehnte werden warten müssen, bis sie die Früchte ihres Erfolgs ernten können. Demgegenüber haben gewöhnliche Bürger der Unter- und der Mittelschicht nicht die Zeit, so lange zu warten. oder können es sich nicht leisten, ihre Ersparnisse aufs Spiel zu setzen. Wir werden auf die Unterscheidung zwischen Risikokapital und Banken in Kapitel 4 zurückkommen, wo wir uns ausführlich mit den Derivaten und der Großen Rezession befassen.

Zugleich werden Nutzer, die sich über langsame Produkte, die begrenzte Lebensdauer von Akkus oder störanfällige Hardware beklagen, mit dem Versprechen abgespeist, dass diese Probleme mit dem nächsten Modell oder »Upgrade« behoben werden. Anstatt als solches anerkannt zu werden, wird das Versagen damit integriert in das Geschäftsmodell der geplanten Obsoleszenz und der dauerhaften Notwendigkeit der Aktualisierung von Software und Geräten. Geplante Obsoleszenz und aufgeschobene Versprechen stützen und ermöglichen sich dadurch gegenseitig, denn die affektive Ökonomie der geplanten Obsoleszenz sichert den unbegrenzten Zeithorizont des aufgeschobenen Versprechens.

In den Kapiteln 3 und 4 werden wir uns anhand der Pufferzeiten und Derivate noch eingehender mit dieser Art von Versprechen befassen. Insbesondere zwei Arten von enttäuschten Versprechen werden wir uns widmen: dem Versprechen des uneingeschränkten und unbegrenzten Zugangs zu Informationen, das vom Silicon Valley abgegeben wird, und dem Versprechen von Wohlstand, mit dem die Wall Street aufwartet. In beiden Fällen bereiten diese enttäuschten Versprechen den Boden für kollektives Versagen, weil sie die Nutzer in ein Regime der Verschuldung und der Angst treiben, das durch die Anhäufung von uneingelösten Versprechen gefördert wird.

Das Versprechen der Bequemlichkeit

Für 99 Prozent der Menschen sind stabile Verbindungen und materieller Wohlstand weit weg. Dennoch fungieren sie als dominierende kulturelle Fantasien und ermöglichen die Fetischisierung einer »On-Demand-Kultur« beziehungsweise fördern einen quasi-religiösen Glauben an die Macht des »Marktes«. Die undurchschaubaren Systeme der Finanzwelt und der Technologiebranche versprechen beide eine verbesserte Nutzbarkeit und Bequemlichkeit und dadurch eine Steigerung unseres Wohlbefindens und unserer Zufriedenheit. Diesem Bestreben liegt die Logik zugrunde, dass Finanzkapital und technologische Errungenschaften dazu eingesetzt werden können, körperliche Begrenzungen zu überwinden. Dieses (enttäuschte) Versprechen ist nichts Neues. In seinem Werk *The Value of Convenience: A Genealogy of Technical Culture* (1993) zeigte Thomas Tierney, wie die Idee der »Notwendigkeit« in der Geschichte der Moderne beständig erweitert worden ist. Aufgrund der wachsenden Abhängigkeit von Technologie haben Dinge, die früher als Luxus galten, mittlerweile den Status des Notwendigen erreicht – von Autos über Kühlschränke bis zu Smartphones und ständiger WiFi-Verbindung. Tierneys Arbeit leistete einen Beitrag zur jahrhundertelangen Diskussion über »biologische Bedürfnisse« (Nahrung, Kleidung, Unterkunft und weitere Faktoren, die für das Überleben und die Reproduktion notwendig sind) im Gegensatz zu »sozialen Bedürfnissen«. Er schreibt: »In der Vergangenheit wurde die Notwendigkeit in erster Linie durch *Bedürfnisse* des Körpers bestimmt, während sich heute die Notwendigkeit hauptsächlich darauf bezieht, die *Grenzen* zu überwinden, die dem Körper auferlegt sind« (1993, 30).

Die Ideologie der unmittelbaren Bedürfnisbefriedigung, auf der die digitale Ökonomie beruht, erzeugt neue Bedürfnisse, die schließlich ebenfalls zu Notwendigkeiten umgedeutet werden. Wie Tierneys historischer Überblick zeigt, hat sich seit der Industriellen Revolution der Wert der Bequemlichkeit zu einer herrschenden Ideologie entwickelt. Im digitalen Zeitalter ist die Annahme, dass das Leben möglichst bequem und frei von

Beschwernissen sein sollte, zu einem Dogma geworden. Bei den
Angeboten von Uber oder Seamless und zahlreichen anderen mobilen Anwendungen geht es in erster Linie um Bequemlichkeit.
Die gesamte »Gig Economy« (die wir in Kapitel 2 eingehender
untersuchen) beruht ebenso auf diesem Versprechen: Man kann
zu Hause sitzen und sich entspannen (oder zur Arbeit gehen),
während sich ein anonymer freiberuflicher Helfer um das Haus,
die Pflanzen und die Haustiere kümmert oder die Einkäufe erle-
digt. Die Ausbreitung der Gig Economy ist ein Beispiel dafür, was
Tierney als den größten Wert der Technologie bezeichnet: dass
jene Bedürfnisse und Forderungen des Körpers erfüllt werden,
die heute als Unannehmlichkeiten betrachtet werden. Dies führt
zu einer »Verleugnung des Körpers wie auch der zeitlichen und
räumlichen Grenzen, denen er unterworfen ist« (1993, 191). Diese »asketische Tendenz«, um Tierneys Terminologie aufzugreifen,
zeigt sich auch im freimütigen Bekenntnis von Netflix, dass sein
größter Konkurrent das Schlafbedürfnis der Nutzer sei – und
nicht andere Streamingdienste (Raphael 2017). Dieser Kampf
gegen den Schlaf ist nicht zu trennen von dem Bestreben, die
Begrenzungen des Körpers zu verneinen, die auch die Technik
(noch) nicht überwinden kann. Dass wir nicht imstande sind,
zwölf Stunden lang ununterbrochen Serien anzuschauen, lässt
sich als Mangel an Willenskraft oder an kognitiven Fähigkeiten
interpretieren. Um diese Beurteilung zu vermeiden, müssen wir
unsere Augen, unser Gehirn und Muskelsystem dahingehend
trainieren, dass wir Informationen immer schneller verarbeiten
können.

Doch es geht dabei um mehr als um die Gefahren von Schlaf-
mangel oder zu wenig körperlicher Betätigung. Als Beispiel kann
Tierneys Untersuchung der wichtigsten Technologie der Moderne
dienen: des Autos. Mit seinem Versprechen von Freiheit und
Handlungsfähigkeit bindet das Auto »paradoxerweise die Menschen an die ökonomische Struktur der Moderne auf eine Art,
die der Gebundenheit des Siedlers des 19. Jahrhunderts an seine Scholle ähnelt« (1993, 110). Für die meisten Autofahrer ist
der Kauf eines Fahrzeugs mit finanziellen Verpflichtungen, also

mit Krediten oder Schulden verbunden, die im Laufe der Zeit beglichen werden müssen. Das Versprechen, die dem menschlichen Körper innewohnende »Geschwindigkeitsbegrenzung« zu überwinden, mag verführerisch sein, sie hat aber zugleich eine Industrie der Schulden, der Versicherungen und des Risikos hervorgebracht – und eine verheerende Zahl von Verletzungen und Todesfällen. Das ist ein frühes Beispiel dafür, wie technologische Innovationen finanzielle Infrastrukturen erzeugen, die darauf angelegt sind, die Ungleichheit zu verstärken. Nicht selten zieht das Versprechen der Bequemlichkeit, Effizienz und Geschwindigkeit paradoxerweise leidvolle Regimes des Versagens nach sich.

Sosehr sich die digitale Technologie von der Autoindustrie unterscheidet, setzt sie anscheinend deren Logik direkt fort. Sie verspricht, Entfernungen auszuschalten durch die Schaffung eines »globalen Dorfes«, während sie in Wirklichkeit eine Abhängigkeit von Internetanbietern, Cloud Computing, Serverfarmen, Contentprovidern und von der Gesetzgebung erzeugt. Die meisten Nutzer müssen zwar keinen Kredit aufnehmen, um die monatlichen Gebühren für ihre Internetprovider zu bezahlen, aber sie haben keine Kontrolle etwa über das Tempo der Datenübermittlung.

Auch durch das Internet lassen sich die biologischen Bedürfnisse nicht eliminieren. Wir werden zunehmend abhängiger von Bildschirmen, die eine sitzende Tätigkeit fördern. Dies führt zu sensorischer und kognitiver Erschöpfung, wie Lauren Berlant feststellt. Im Hinblick auf die so genannte »Fettleibigkeits-Epidemie« in den USA schreibt sie:

Der heutige Mensch ist gesättigt im wörtlichen Sinn, aber auch in einem metaphorischen Sinn, ähnlich wie Metall »fühlt«, dass es dem Druck nicht mehr standhalten kann, der ausgeübt wird. Ich vergleiche Essen mit den »selbstheilenden« Tätigkeiten Trinken, Sex, Fernsehen, Besuch von Sportveranstaltungen, Videospielen und Drogen, was aber nicht mit Abhängigkeit gleichzusetzen ist. Diese Aktivitäten bieten meiner Ansicht nach eine Möglichkeit, in die Gegenwart einzutauchen, sich dem Verlangen und dem Vergnügen hinzugeben und sich den Anforderungen des Alltags besser gewachsen zu fühlen. Dieses Gefühl der Resilienz unterscheidet sich allerdings von der echten Resilienz: Der menschliche Körper verschleißt durch die Vergnügungen, die ihm helfen, weiterzuleben. Doch das Wachstum der Vergnügungsindustrie in einer Welt, in der immer weniger Zeit bleibt, diese Freuden zu genießen, sagt einiges aus über den sehnlichen Wunsch nach Entspannung und Befreiung, nach den Vergnügungen, die den Menschen helfen, jeden Tag aufzustehen und weiterzumachen (2010, 27).

Wir möchten das systemische Versagen im Zusammenhang mit Erschöpfung und sensorischer Ausdauer untersuchen und dabei jene Art von Aushandlungsprozessen darstellen, die für unser Überleben im Zeitalter des Entrepreneurs erforderlich sind. Das folgende Kapitel wird sich anhand von mobilen Apps eingehender mit der Thematik der Bequemlichkeit befassen, die unvermutet dazu beitragen, die Herausbildung sozialer und gemeinschaftlicher Bindungen zu beschränken. Im Kontext der nach wie vor wachsenden Gig Economy bringen sie eine neue Tyrannei hervor, indem sie das Verlangen an digitale Nutzungen binden.

Kapitel 2

SCHÖPFERISCHE ZERSTÖRUNG
UND NEUE FORMEN
DER GESELLSCHAFTLICHKEIT

Aufbauend auf unserem Konzept des Bequemlichkeitverspre-
chens zeigen wir in diesem Kapitel, dass die neuen digitalen
Plattformen und Werkzeuge die Obsoleszenz und das Upgrading
weiter beschleunigt und dadurch das Verhältnis zwischen Risiko, Innovation, Versagen und Zukunft verändert haben. Darüber
hinaus vertreten wir die Auffassung, dass dieses veränderte Verhältnis vordergründig neue gesellschaftliche Zukunftsentwürfe
zu ermöglichen scheint, sie in Wirklichkeit aber einzuschrän-
ken droht. Zunächst müssen wir in diesem Zusammenhang aber
versuchen zu verstehen, wie das Versagen zu einem Motto der
Unternehmenskulturen im digitalen Zeitalter geworden ist.

Das Paradoxon besteht darin, dass die wirtschaftlichen Dis-
ruptionen im Digitalzeitalter zwar von den neuartigen Formen
der Gesellschaftlichkeit zu profitieren scheinen – und deren of-
fensichtlicher Popularität und ihrem Erfolg –, aber gleichzeitig auf
dem Versagen oder der intendierten Obsoleszenz älterer Formen
von Gesellschaftlichkeit beruhen. Die unternehmerische Verviel-
fältigung von mobilen Apps und der »Gig Economy«, die diese
stützen, beschränken außerdem die Zukunftsmöglichkeiten, die
in älteren Formen der Gesellschaftlichkeit angelegt sind. Das ist
die dunkle Seite der »schöpferischen Zerstörung«, die Schumpeter als Haupttriebkraft des Industriekapitalismus benannte. Dieser
Prozess signalisiert einen neuen Abschnitt in der Vermarktung
der Gesellschaftsbezüge, deren frühere Phasen durch das Auf-
kommen der Werbung und anderer damit verwandter moderner
Formen des Massenkonsums gekennzeichnet waren. In dieser

neuen Ökonomie der Apps und der digitalen Plattformen spielt das Versagen eine entscheidende Rolle bei der Vereinzelung der Subjekte und es erzeugt Schuldzuweisungen gegen sich selbst sowie Feindseligkeit gegen andere. Paradoxerweise veranlassen diese Problematiken die Nutzer dazu, noch entschlossener Services oder Apps zu suchen, die ihnen ein angenehmeres Leben in Aussicht stellen oder ein neues Gefühl von gemeinschaftlicher Identität vermitteln.

Dieses Kapitel wird dementsprechend an die frühere Kritik an der »Gig Economy« anknüpfen. Der amerikanische Journalist Nathan Heller, der diese als »Zukunft der amerikanischen Arbeit« bezeichnete, erklärte: »Das Modell firmiert unter verschiedenen Bezeichnungen – Share Economy, Gig Economy, On-Demand-, Peer- oder Plattform-Economy –, doch all diese Unternehmen teilen bestimmte Voraussetzungen. Sie betreiben gewöhnlich auf Ratings (Beurteilungen) basierende Märkte und bedienen sich App-interner Bezahlsysteme. Sie bieten den Beschäftigten die Möglichkeit, mit ihrem eigenen Konzept Geld zu verdienen, anstatt sich selbst einen Marktzugang zu verschaffen. Dabei finden sie Ansatzpunkte vor allem in erstarrten Branchen« (Heller, 2017). Unter Berücksichtigung dieser Kennzeichen zeigen wir in einer Fallstudie über Uber, auf welche Weise diese neuartige Ökonomie soziale Bindungen umgestaltet.

In diesem Kapitel soll jedoch keine Hierarchie sozialer Zusammenhänge formuliert und jenen Zeiten nachgetrauert werden, als man auf der Straße ein Taxi heranwinken musste, anstatt über Uber eines mit zwei Mausklicks bestellen zu können. In solch nostalgischer Sehnsucht wird allzu oft eine »vordigitale« Welt idealisiert, in der Fremde Fahrgemeinschaften bildeten oder sich gegenseitig dabei halfen, Einkäufe nach Hause zu schaffen. Wir schlagen vor, die zwecklosen und zum großen Teil ungenauen Vergleiche zwischen »analogen« und »digitalen« Welten aufzugeben und sich stattdessen mit dem zunehmenden Tempo zu befassen, in dem soziale Bindungen und gemeinschaftliche Netze gebildet werden und wieder veralten. Wir möchten nicht die Klischeevorstellung von einem gemeinschaftlichen Paradies nachbeten, das durch eine profitgetriebene Hölle ersetzt worden ist. Doch durch die Beschreibung der raschen, fortschreitenden Ablösung einer solchen Struktur durch eine andere hoffen wir über die herkömmliche Kritik der Gig Economy hinauszugreifen. Außerdem wollen wir anhand der jüngeren Literatur über die Ausbreitung der Gig Economy unseren Begriff des Versagens verdeutlichen. Es besteht im Scheitern, stabile, dauerhafte soziale Strukturen aufzubauen, die wir mit den sich ausbreitenden mobilen Apps und ihren Bequemlichkeitsversprechen in Verbindung bringen. Welche Arten von Versagen werden durch das Streben nach Bequemlichkeit und Unmittelbarkeit verfestigt? Und mit welcher Sprache kann man sie angreifen und zurückdrängen?

Innovation, Inc.

Die Tugend des Scheiterns wird heute (wie wir schon in der Einleitung erwähnt haben) auch von Hightech-Unternehmen und Businessexperten hochgelobt, insbesondere in den Vereinigten Staaten. Dieser Eifer hat seine Wurzeln in der Entdeckung von Innovation, Risiko und Krise Mitte des zwanzigsten Jahrhunderts. Es besteht eine direkte Verbindung zwischen dieser Begeisterung für Innovation und Flüchtigkeit im Kapitalismus und der zentralen Bedeutung des potenziellen Scheiterns in den neuen Designtechnologien des postindustriellen Westens. In der spekulativen Welt des Silicon Valley wird auf die Schumpeter'sche Wertschätzung der Innovation die Befürwortung des Scheiterns durch heutige Konstrukteure aufgebaut, die Slogans prägen wie »Früh scheitern, oft scheitern«.

Das Scheitern oder Versagen wird von einem Übel in eine Tugend umgewandelt, indem man seine Bedeutung für die Innovation betont. Andere große moderne Organisationen neigen hingegen dazu, das Versagen zu verleugnen und einen »geschlossenen Kreis« zu erzeugen, in dem Wirkungen und Ursachen so eng miteinander verknüpft werden, dass das Versagen, wenn es sich einstellt, als etwas Externes behandelt wird, das mit der Organisation und ihrer Technologie nichts zu tun hat, und dadurch leichter abgetan oder ignoriert werden kann (Easterling 2016). Diese strukturelle Tendenz zur Verleugnung des Versagens zeigt sich auch darin, dass die modernen Technologien durchzogen sind von Zukunftsbezogenheit und Erfolgskontrolle. Das frühere Interesse an Nützlichkeit, Bequemlichkeit und Natürlichkeit ist einer »grenzenlosen Empfänglichkeit für das Versagen« gewichen, wodurch die Nutzer zu Testern in einer Welt aus Werkzeugen werden, die nur dazu da sind, um unentwegt zu versagen und modifiziert zu werden (Tonkinwise 2016). Moderne Organisationen haben daher ein bipolares Verhältnis zum Versagen; sie sind besessen vom Scheitern auf der Ebene der Konzeption, neigen aber gleichzeitig zur Verleugnung und Datenbereinigung, wenn es um die Auswirkungen ihrer Technologien geht. Auch diese Bipolarität wurzelt in den wirkmächtigen Ideen von Schumpeter über Technologie und Innovation.

Im Sinne Max Webers glaubte Schumpeter, dass der Kapitalismus eher eine Kulturform sei als ein Arrangement von Technologie und Produktion. Wie Marx vertrat er zudem die Auffassung, dass der Kapitalismus durch den ihm innewohnenden Zwang vorangetrieben werde, sich immer wieder neu zu erfinden. Er sagte voraus, dass der Kapitalismus Ende des 20. Jahrhunderts zusammenbrechen werde, weil dessen Logik durch das Managertum der Unternehmen untergraben werden würde (Schumpeter 1942). Mit dieser Vorhersage lag er vollständig daneben, wie wir heute wissen, doch seine Erkenntnisse über die Logik des Industriekapitalismus sind nach wie vor in hohem Maße relevant. Schumpeters wichtigste Idee war die der »schöpferischen Zerstörung«, die er in seinem Hauptwerk *Kapitalismus, Sozialismus und Demokratie* (1942) ausarbeitete. Dieser Gedanke besagt im Wesentlichen, dass sich kapitalistische Unternehmen Wettbewerbsvorteile gegenüber ihren Konkurrenten zu verschaffen versuchen, indem sie neue Technologien entwickeln, die gewöhnlich von umsichtigen Investoren finanziert werden. Wenn es diesen

Unternehmen gelingt, die Innovationen mit einer profitablen Strategie auszustatten, können sie im betreffenden Marktsegment ein zeitweiliges Monopol erlangen und dadurch die Mitbewerber zwingen, ihre Innovation nachzuahmen oder zu kopieren. Innerhalb dieses Prozesses werden ältere Methoden der Arbeitskraftnutzung, der Produktion, des Marketings, der Preissetzung und des Vertriebs aufgegeben, was eine »schöpferische Zerstörung« der alten Verfahren durch die neue Technologie bedeutet und letztlich, sofern es sich um eine wirklich radikale Innovation handelt, allgemein die vorhergehenden Formen der Arbeit, der Gesellschaft und der Kontrolle beseitigen kann. Die schöpferische Kraft des Kapitalismus besteht in seiner rastlosen Suche nach Innovationen (d. h. vermarktungsfähigen Erfindungen), die ältere Formen der wirtschaftlichen und gesellschaftlichen Organisation zerstören, daher die Bezeichnung »schöpferische Zerstörung«. Schumpeter kann als technologischer Determinist betrachtet werden, er verstand die unternehmerische Innovation dennoch als mehrdimensionalen Prozess, in dem Finanzkapital, Erfinder und Industrieunternehmer in einem kontingenten kulturellen Prozess zusammenwirken, der nicht allein durch die Technologie vorangetrieben wird.

Schumpeter glaubte, dass Stillstand (Equilibrium) im Widerspruch zur Marktwirtschaft stehe. Stillstand oder Gleichgewicht würde bedeuteten, dass die Marktwirtschaft ihre ursprüngliche Kraft und Dynamik eingebüßt und sich mithin in eine andere Wirtschaftsform verwandelt habe, eine sozialistische, zentral geplante und kollektivistische. Die Natur der Marktwirtschaft ist ihre beständige, wesensmäßige Erneuerung; anders gesagt, Innovation ist dem System immanent und technischer Fortschritt in ihm angelegt (Hoefle 2012).

Obgleich sich Schumpeter also mit seiner Vorhersage der Selbstzerstörung des Kapitalismus anscheinend irrte, hatte er Recht mit der Annahme, dass bestimmte Strukturen von Gesellschaftlichkeit im Zuge von Innovationen (gewöhnlich in Form neuer Technologien oder Infrastrukturen) durch andere Formen ersetzt werden. Schumpeters pessimistische Betrachtungsweise können wir mittels einer Untersuchung des heutigen Silicon Valley überprüfen, eines Milieus, das sich mit Leib und Seele der Innovation verschrieben hat.

Schumpeters zweites Leben im Silicon Valley

Das Silicon Valley wird auf der ganzen Welt dafür bewundert und beneidet, wie es der digitalen Innovation seinen Stempel aufzudrücken vermocht hat. Es bildet in der amerikanischen Unternehmenskultur den Gegenpol zur Wall Street, obgleich auch diese in hohem Maße digitalisiert ist und das Silicon Valley wiederum ständig Finanzkapital benötigt. In der amerikanischen Unternehmenskultur hat sich das Silicon Valley zu Recht den Ruf erworben, die klügsten Köpfe, die besten Technologien und schier unbegrenzte Finanzmittel für sich einzuspannen, um die Möglichkeiten der digitalen Innovation auszureizen. Die beherrschenden Konzerne des Silicon Valley sind Google, Amazon, Apple, Facebook und Microsoft sowie eine Handvoll weiterer Unternehmen, die den astronomischen Gewinndimensionen und Barguthaben der Giganten durchaus nahekommen. Wie Spencer E. Ante (2008) zeigte, lässt sich das Entstehen des Venture-Kapitalismus bis in die 1950er Jahre zurückverfolgen, als der Professor Georges Doriot von der Harvard Business School die Firma American Research and Development Corporation (ARDC) gründete, die sich als erstes Unternehmen mit Risikokapital und außerbörslichen Beteiligungen befasste. Die »Big Five«, wie die Silicon-Valley-Giganten häufig genannt werden, operieren heute in einer völlig anderen ökonomischen Landschaft, in der die Abschöpfung von Wert wesentlich höher bewertet wird als die Schaffung von Wert (Mazzucato 2016). Wenn Unternehmen von der Maximierung des Shareholder-Value angetrieben werden, erscheint die Zukunft als Abfolge von Risiken und Chancen (Beckert 2016).

Eine der markantesten und profitabelsten Innovationen, die das Silicon Valley in den vergangenen drei Jahrzehnten hervorgebracht hat, war die der mobilen Apps, mittels derer Nutzer über ihre Mobiltelefone mit einem hohen Maß an Schnelligkeit, Bequemlichkeit und Zuverlässigkeit eine breite Palette von Gütern kaufen oder Dienstleistungen in Anspruch nehmen können. Jener Sektor der US-Wirtschaft mit mehr als einhundert Startup-Unternehmen, der heute von Apps bestimmt und vorangetrieben wird, hatte im Jahr 2018 einen Umsatz von mehr als 900 Milliarden Dollar laut einem Bericht, in dem der Gesamtwert der Verbraucher-Apps, der Unternehmens-Apps und des von Apps bestimmten Internet der Dinge (IoT) ermittelt wurde (Stephens und Mahesh 2018). Diese schon sehr eindrucksvollen Zahlen werden noch weiter steigen, weil allein 2018 dem Internet der Dinge mehr als 28 Millionen neue Geräte hinzugefügt wurden, die »Smart Home«-Anwendungen wie Google Assistant, Thermostate oder zum Beispiel den Staubsaugerroboter Roomba unterstützen.

Obwohl die meisten digitalen Dienste eine App und eine Internetseite oder eine digitale Plattform anbieten, konzentrieren wir uns hier auf die mobilen Apps (und nicht auf die »Smart Home«-Apps), da diese ein spezifisches Benutzererlebnis und eine singuläre Ontologie bieten: Sie sind in mobile Geräte eingebunden und daher personalisiert, passwortgeschützt sowie leicht zu bedienen. Sie folgen den Nutzern auf allen ihren Wegen, sofern diese Zugang zu einem WiFi-Netz haben. Dabei stellt der mobile Zugang die althergebrachte Definition von digitaler Spaltung in Frage. Laut einem Bericht von Pew Research aus dem Jahr 2017 nutzte »ungefähr ein Fünftel der Erwachsenen in Haushalten, die ein Jahreseinkommen von weniger als 30.000 Dollar haben, das Internet ausschließlich über das Smartphone – das heißt, sie besaßen ein Smartphone, verfügten zu Hause aber über keinen Breitband-Internetzugang. … Im Gegensatz dazu fielen nur 4 Prozent der Personen mit einem Haushaltseinkommen von 100.000 Dollar oder mehr in diese Kategorie« (Anderson 2017). Weil ihr Internetzugang beschränkt ist, sind also viele geringverdienende Amerikaner auf ihr Smartphone angewiesen. Es werden zwar täglich Hunderte neuer Apps in den Markt eingeführt, aber nicht jeder kann sie herunterladen und für sich nutzen. Im Jahr 2018 waren mehr als 30 Millionen Amerikaner von der App-Ökonomie ausgeschlossen, weil sie die Kosten für den Datenbezug nicht aufbringen konnten (Stephens und Mahesh 2018).

Messenger-Dienste und soziale Medien wie Facebook, Whats-App und Instagram verzeichnen Milliarden aktive Nutzer pro Monat, aber auch die Zahl der Mobil-Apps steigt exponentiell. In dieser neuen Wirtschaftsform werden Apps, die sich auf Mitfahrgelegenheiten, Lebensmittellieferungen oder andere aufgabenbezogene Aktivitäten ausrichten, häufig als befähigend, effizient und nutzerfreundlich gepriesen. Bekannte Publikationen wie *Forbes* oder die *New York Times* haben Apps aus dem Bereich der Gig Economy wie etwa Uber, Airbnb und TaskRabbit als möglichen Weg zur Überwindung der Arbeitslosigkeit gefeiert (Kessler 2018). *Forbes* bezeichnete 2013 in einer Titelgeschichte die Gig Economy als »eine ökonomische Revolution, die in aller Stille Millionen Menschen zu Unternehmern macht« (Kessler 2018, 61). Wie Sarah Kessler (2018), Greg Goldberg (2018), Alex Rosenblat (2018a) und andere gezeigt haben, könnte diese Einschätzung nicht weiter entfernt sein von der Wirklichkeit.

Seit den 2013 eingereichten Sammelklagen gegen Uber und Lyft, über die ausführlich berichtet wurde, hat die so genannte »Gig Economy« einen Rückschlag erlitten (Goldberg 2018). Statt als Ansatz, der Beschäftigten und Nutzern gleichermaßen mehr Einfluss und Mitwirkungsmöglichkeiten verleihen kann, erschien sie nun als »Technologie, die darauf zielt, die Ungleichheit zu verfestigen, in diesem Fall durch die Schaffung von Monopolen, welche die Bemühungen und Ressourcen zahlreicher Nutzer bündeln und vereinnahmen, die auf den Plattformen dann gegeneinander ausgespielt werden« (Horning 2014). Wir halten diese harsche Kritik für durchaus berechtigt, gleichwohl möchten wir eine andere Herangehensweise für die Untersuchung der App-Ökonomie vorschlagen.

Das grundlegende Merkmal dieses neuen Wirtschaftssektors besteht unserer Ansicht nach darin, auf welche zwei Weisen er sich auf die Endkunden ausrichtet. Zum einen ermöglicht die mobile Konnektivität den Nutzern die Buchung oder Inanspruchnahme einer breiten Palette von Dienstleistungen (von Mietwagen und Taxis bis zu therapeutischen Angeboten, Lebensmittellieferungen, Kinokarten, Ausführen des Hundes, Putzdiensten, Flugtickets, Unterhaltungsangeboten und vieles mehr), wenn sie für ihr Mobilgerät eine normalerweise kostenlose App erwerben. Der radikale Aspekt dieses ökonomischen Modells besteht in der Rolle, die es Verbrauchern bei der beständigen Vervollkommnung und den Kosten der angebotenen Dienstleistungen zuweist. Unter dem Rubrum »UX« oder »Benutzererlebnis« wird das stetige Feedback der Nutzer herangezogen, um die App ständig zu verbessern. Das ist ein großer Unterschied zu der Marktforschung, die sich auf Fokusgruppen, herkömmliche demographische Analysen oder Muster von Verbraucherverhalten in großen Datensammlungen stützt. Durch UX werden die Kunden zu einem Teil des Entwicklungsprozesses und das Benutzererlebnis wird für den Serviceprovider eine der wichtigsten Quellen für konzeptionelle Anregungen. Wir sind nicht mehr nur »Nutzer«: Wir sind zu Testern geworden, zu Analysten und Feedback-Gebern im Mittelpunkt der in Echtzeit erfolgenden Verbesserung der Konstruktion. Obwohl alle diese Apps rasch veralten, gibt es in der Welt der mobilen Anwendungen kein absolutes ›Versagen«. Vielmehr stützt sich die App-Ökonomie auf eine endlose Kommunikationsschleife zwischen Endnutzern und Produktdesignern, in der jedes Versagen zur Triebkraft der nächsten Verbesserung wird. In der Folge werden ständig »Upgrades« erforderlich und Nutzer müssen unaufhörlich etwas Neues lernen und zu einer noch besseren Quelle der »Erfahrung« werden, damit die nächste Optimierungsstufe der mobilen Anwendung erreicht werden kann (Tonkinwise 2016). Das ist ein »aufgeschobenes Versprechen« im reinsten Sinne.

Zum zweiten bezahlen die Verbraucher in der neuen Gig Economy eine Dienstleistung, nicht einen bestimmten Mitarbeiter, wodurch ein wachsendes Gefühl der Entpersonalisierung und Zufälligkeit entsteht. Anstatt Millionen Menschen zu befähigen, gewissermaßen über Nacht zu »Teilzeit-Unternehmern« zu werden, bietet die mobile App nur rein flüchtige, unpersönliche Begegnungen, die von den Konsumenten praktisch umgehend quantifiziert werden (»Danke, dass Sie Uber genutzt haben. Wie viele Sterne möchten Sie Lorena geben?«). Diese ständige Quantifizierung ist das wesentliche Merkmal, das die Gig Economy von früheren Dienstleistungen unterscheidet wie dem Kellnern, dem Zustelldienst oder dem Taxifahren.

Aufgrund ihrer Abhängigkeit von Überwachung und der Ausbeutung von Zeitarbeitern (die von den Unternehmen häufig als »Lieferanten« oder »Partner« bezeichnet werden, um ihnen keine Sozialleistungen zahlen und keine Krankenversicherung und Arbeitsplatzsicherheit bieten zu müssen) wurden der Gig Economy schon mehrere alarmistische Studien gewidmet (Goldberg 2018; Rosenblat 2012a). Vor diesem Hintergrund möchten wir die zunehmende Verbreitung der Gig Economy mit dem neuen wirtschaftlichen Forschungsgebiet der »Evolutionsökonomik« in Verbindung bringen. Dieser Begriff, der von Thorstein Veblen (1898) geprägt wurde, beschreibt die technologische Innovation als Haupttriebkraft des menschlichen Wohlstands und ordnet sie in die menschliche Evolution ein. Dieser Ansatz gehört zwar nicht zum Mainstream der Wirtschaftswissenschaften, hat jedoch in jüngerer Zeit zunehmend Anerkennung gefunden. Bei diesem Ansatz wird das Gleichgewicht weder als ideales Ziel noch als Antriebsprinzip des menschlichen Wirtschaftens verstanden. Die Ideen von Charles Darwin, inklusive der Konzepte der Anpassung, der Auslese und des Überlebens, spielen eine wichtige Rolle in der Evolutionsökonomik, und Schumpeter gilt als einer der Hauptvertreter dieses Konzepts wirtschaftlicher Institutionen und ökonomischen Wandels. Im Industriekapitalismus ist die Innovation im Wettbewerbsprozess der Unternehmen ein Schlüsselelement des Kampfes ums Überleben, und die Verlierer (wie auch überholte Formen der Technologie, der Arbeit und des gesellschaftlichen Lebens) müssen untergehen und verschwinden. Die »anpassungsfähigeren« Überlebenden hingegen sind zum Herrschen bestimmt, bis auch sie irgendwann dysfunktional werden in ihrer Beziehung zur Umwelt. Unter diesem Blickwinkel bedeutet

Anpassung Innovation und Überleben Marktbeherrschung (zumindest für eine gewisse Zeit). Da Umbruch und Disruption den Kern der evolutionären Ökonomik bilden, überrascht es nicht, dass vor allem Letzterer aus dem Kontext der Schumpeter'schen Ideen in den vergangenen Jahrzehnten in der modernen Wirtschaftswelt umgesetzt wurden. Der Terminus Disruption wurde von Bower und Christensen (1995) als Kardinaltugend erfolgreicher Unternehmen, Entrepreneure und Firmenchefs geprägt. Im Rahmen dieses verklärenden Diskurses über Disruption fungiert das Versagen als eine Handelsware neuer Art. Es wird durch das Silicon Valley auf dreierlei Weise monetarisiert: zum einen durch A/B-Testsysteme, bei denen alle Verbraucherentscheidungen erfasst und dazu benutzt werden, die Benutzer nach »Geschmacksclustern« zu sortieren. Darauf aufbauend können algorithmische Empfehlungssysteme dann vorhersagen, was diese Verbraucher vermutlich in der Zukunft auswählen werden (Alexander 2016). In diesem Zusammenhang besitzt auch eine »Nichtentscheidung« einen Wert, wie etwa der Entschluss, eine App nicht zu nutzen oder ein Gerät auszuschalten. Schließlich bringt dies zum Ausdruck, dass der Nutzer enttäuscht war über die Wahlmöglichkeiten, die ihm geboten wurden, was eine weitere Runde von Verbesserungen und A/B-Testdurchgängen nach sich zieht. Zum anderen können die meisten mobilen Apps kostenlos heruntergeladen werden, weil ihr Geschäftsmodell auf Nutzungs- oder »Premium«gebühren oder beidem beruht, die von den Nutzern bezahlt werden. Die Nutzer erhalten dafür häufig eine unvollständige, eingeschränkte und »gescheiterte« Version der Dienstleistung, deren Zweck allein darin besteht, die Nutzer zu monatlichen Abonnements zu verleiten. Dieses Modell findet sich in so unterschiedlichen Apps wie Spotify (für Musik), Headspace (für Meditation) und Tinder (für Dating). Drittens werden diese Apps strategisch so konzipiert, dass die Nutzer stark abhängig werden und dadurch die »time-on-device« (TOD), also die dem Gerät gewidmete Zeit, stetig verlängern – ein Begriff, der ursprünglich auf Spielautomaten in Casinos bezogen wurde (Schüll 2014). Die von Natasha Dow Schüll erforschte

»Gerätezone« – eine sich endlos replizierende Sphäre, in der »Zeit, Raum und soziale Identität aufgehoben sind« (2014, 13) – hilft uns, die Fantasien von Ermächtigung und Bequemlichkeit durch mobile Apps zu erfassen. Während diese Systeme das Gefühl unbegrenzter, nahtloser und personalisierter Wahlmöglichkeiten vermitteln, tragen sie in der Praxis paradoxerweise dazu bei, »die Wahlmöglichkeiten zu verengen, die Menschen voneinander abzukoppeln und das Aussteigen aus dem Ich zu fördern« (Schüll 2014). Kurz gesagt, diese Apps sind am erfolgreichsten, wenn die Benutzer sie nicht unter Kontrolle bekommen und Geld ausgeben, das sie nicht haben, oder in einer Nacht 40 Tinder-Profile von sich erstellen.

Eine der wichtigsten Funktionen der App-Ökonomie, auf das Großinvestoren besonders achten, ist das Potential einer App, »starke Netzwerkeffekte« zu erzeugen (Jervis, im Erscheinen). Netzwerkeffekte beziehen sich auf den wachsenden Wert eines Geräts für den jeweiligen Nutzer, der durch den häufigeren Gebrauch entsteht (mittels der Einbeziehung weiterer Nutzer). Wichtig ist der Hinweis, dass Netzwerkeffekte etwas anderes sind als der Verbreitungsgrad, denn dieser bezieht sich lediglich auf die Geschwindigkeit und die Reichweite eines Tools (nicht auf die Wertsteigerung für den Einzelnen). Der Netzwerkeffekt ist auch keine andere Bezeichnung für eine verbesserte Konnektivität zwischen den Nutzern oder für Skaleneffekte, weil sich letztere auf Kostenreduktion durch Produktionszuwächse beziehen. Vielmehr zeigen diese Effekte, wie sich eine Zunahme von Nutzern (zum Beispiel von Uber, Instagram, Reddit oder TaskRabbit) auf das Anwendungserlebnis dieser Tools positiv auswirkt. Netzwerkeffekte sind somit meist von entscheidender Bedeutung für eine »Share Economy». Die gewinnbringendsten Innovationen in der Welt der mobilen Apps beruhen daher auf sozialen Erkenntnissen (und nicht notwendigerweise auf einem technologischen Durchbruch), die Netzwerkeffekte erzeugen oder verstärken. Im folgenden Abschnitt werden wir herausarbeiten, wie grundlegend diese Ideologie, die größten Wert darauflegt, Netzwerkeffekte zu identifizieren und in sie zu investieren, die menschliche Gesellschaftlichkeit beeinflusst. Das intensive Bestreben, den Netzwerkeffekt zu maximieren, bringt dabei unterschiedliche Arten von Versagen hervor, die wir anhand des Fallbeispiels Uber darlegen werden. Um die Wachstumsrate zu erhalten und zu steigern, werden Momente des Scheiterns (wie das Fehlen eines Betreuungssytems für Uber-Fahrer oder der Zwang, auch betrunkene oder gewalttätige Passagiere zu befördern) durch algorithmische Systeme oder Bots teilweise aus dem System entfernt. Dies geschieht unregelmäßig, im Verborgenen und auf eine Art und Weise, welche soziale Bindungen zwischen Kunden und Leistungsanbietern wie auch zwischen Kunden untereinander untergräbt.

Neu nachdenken über das Soziale: Bequemlichkeit, Konnektivität, Identität

Wir können die Schumpeter'sche kreative Zerstörung älterer Formen der Gesellschaftlichkeit auch darauf beziehen, wie sich digitale Geräte, Anwendungen und Dienstleistungen zusammenhängend auf Bequemlichkeit, Konnektivität und Identität auswirken. Verbunden zu sein, also die Konnektivität, ist natürlich unerlässliche technologische Voraussetzung für neue nutzerbasierte und mobilitätsorientierte Applikationen, die das Leben der Konsumenten im Westen und in vielen anderen Gesellschaften bestimmen. Konnektivität ist die neue Ideologie der Gesellschaftlichkeit. Die allgegenwärtige Verwendung von Begriffen wie »Netzwerk«, »Freund«, »viral«, »Influencer«, »Crowd-Sourcing« und vieler weiterer zeigt, in welchem Ausmaß die neue App-Ökonomie ältere Formen von Konnektivität zu unterminieren begonnen hat. Diese waren stärker an die Geographie und soziale Zugehörigkeit gebunden, an Nähe, Erinnerung, Biographie und persönliche Eigenarten.

Der Begriff »Konnektivität« hat mindestens zwei Bedeutungen: 1.»Konnektivität« mit dem Internet und digitalen Infrastrukturen; 2.»Konnektivität« zwischen Menschen und

Maschinen, zwischen den Menschen untereinander oder den Maschinen untereinander.

Bei der ersten Kategorie ist es wichtig, »Konnektivität« von »Zugänglichkeit« zu unterscheiden:

> Auch für Menschen, die nominell Zugang zu Informationen haben, gibt es Barrieren, die eine vollständige Teilhabe an der Informationsgesellschaft erschweren. Diese Barrieren bestehen nicht nur in Bezug auf die Verbindung, sondern auch im Hinblick auf das Bewusstsein, das erforderlich ist, um sich mit der symbolischen Manipulation von Information zu beschäftigen und die zweckbestimmte Natur dieser Information für den gesellschaftlichen Zusammenhalt (in individueller wie öffentlicher Hinsicht) zu erkennen. Man kann sogar sagen, dass oberflächliche Konnektivität perverserweise die Situation der Nicht-Verbundenen verschärft (Baker et al. 2013, 4).

Der Besitz eines WiFi-fähigen Mobilgeräts sollte daher nicht mit Befähigung, Kontrolle oder Wissen der Nutzer gleichgesetzt werden. Zugleich werden Slogans wie »Die Menschen verbinden« häufig von Anbietern sozialer Medien wie Facebook verwendet, um ihren Beitrag zu Völkermorden, zu massenhafter Gewalt und vermehrter Depression unter ihren Nutzern zu verschleiern (Lin et al. 2016; Mozur 2018).

Natürlich beruht diese neuartige Variante schöpferischer Zerstörung auf einer bestimmten Technologie und hat tiefgreifende ökonomische Auswirkungen. Doch die enorme Wertschöpfung, die sie ermöglicht, die Überschüsse wie die Ausbeutung stützen sich auf die Gesellschaftlichkeit selbst, die der primäre verwertbare Rohstoff ist. Diese bedeutenden Verschiebungen der Konnektivität werden verstärkt durch die Veränderungen der Persönlichkeit und die Ideologie der Bequemlichkeit. In Kapitel 1 haben wir bereits die engen Verbindungen zwischen der modernen Ideologie des Konsumismus und der Hegemonie des Bequemlichkeitgedankens herausgearbeitet. Im digitalen Zeitalter wird diese eingeführte Erfahrung vertieft durch neue Arten von

Konnektivität und das, was wir gemeinhin als Identität bezeichnen. Konnektivität und Bequemlichkeit erzeugen zusammengenommen die neuartige Wertschätzung jener Formen von Bequemlichkeit, die auf sozialer und WiFi-Konnektivität beruhen, und jener von Konnektivität, welche die Bequemlichkeit fördern (das eindrucksvollste Beispiel dafür ist die Bedeutung, die Amazon als weltweit tätiges Unternehmen erlangt hat). Konnektivität umfasst heute nicht nur anthropomorphe Verhaltensweisen, sondern steht auch in einer wachsenden Abhängigkeit von Bots, Algorithmen und nicht-menschlichen Akteuren. Anstatt zu sagen, dass sie »die Menschen verbindet«, sollte man in Bezug auf die App-Ökonomie besser davon sprechen, dass sie »Menschen mit anderen Menschen und/oder Maschinen verbindet, ohne diese immer auseinanderhalten zu können«. Diese »Politik der Proxies«, wie es Hito Steyerl nennt (2014), schafft eine digitale Welt, in der allmählich Menschen von automatisierten Bots nicht mehr zu unterscheiden sind.

Diese einschneidende Entwicklung kann eine Erklärung für die enge Verbindung zwischen Konnektivität und Bequemlichkeit in unserem digitalen Zeitalter liefern. Diese ist nur möglich gewesen, weil es eine tektonische Veränderung in der klassischen Vorstellung von Identität gegeben hat, die eine Vermassung der »Dividuen« (im Sinne von Gilles Deleuze) mit sich bringt. In einem früheren Werk sprach Appadurai (2015) von der »räuberischen Dividualisierung«, durch die Individuen in eine Ansammlung von Bewertungsziffern, Rängen, Merkmalen, Eigenschaften und Dimensionen auseinanderfallen, die nützlich und hilfreich sind für die Generierung großer Profite durch die Finanzindustrie. Die Auflösung des Individuums ist maßgeblich für die Erstellung von Risikobewertungen, Kredit-Scores, Verbraucherprofilen und weitere Aktivitäten, auf denen das moderne Finanzwesen beruht. Dieser Prozess wurde von kritischen Theoretikern auf unterschiedliche Weise erfasst. Einige von ihnen haben Gilles Deleuze das Verdienst zugeschrieben, die Herausbildung des »Dividuums» als neuartiges kapitalistisches Subjekt vorhergesehen zu haben (Pasquale 2016; Cheney-Lippold 2017). Zunehmend wird die Relevanz der Reduzierung des »Individuums« auf das »Dividuum« für die heutige Entwicklung erkannt. In dieser endet die herkömmliche Vorstellung westlicher Modernität, laut der Persönlichkeit, Handlungsfähigkeit, Motivation, Interesse und Körper in einer Hülle zusammengefügt waren, für die wir gewohnheitsmäßig den Begriff »Individuum« verwendeten. Dieses Individuum wurde einst als zentraler Akteur von Eigentumsregimes (durch besitzergreifenden Individualismus), als wichtigster Inhaber von Rechten im liberalen demokratischen Diskurs und als nicht verhandelbare Grundlage ethischen und verantwortungsvollen Verhaltens betrachtet. Ohne die Idee des Individuums verliert die westliche Modernität ihre bedeutendste Grundannahme.

Durch die »Dividualisierung« der Menschen, bei der bestimmten (häufig in Zahlen ausgedrückten) Dimensionen des Individuums eine größere Bedeutung beigemessen wird als dessen Gesamtheit, verändert das heutige Finanzwesen (wie wir in Kapitel 4 zeigen werden) die Natur der menschlichen Subjektivität. Im Zuge dessen lassen sich die Subjekte immer leichter für die Zwecke der Finanzmärkte ausbeuten, zusammenfassen, in neue Gruppen einteilen, überwachen und ihr Verhalten wird stetig vorherseh- und nutzbarer, und zwar im Wesentlichen dadurch, dass die bewertbaren und in Rangfolgen zu ordnenden »Dividuen« zu Schuldnern gemacht werden. Um Schulden aufzunehmen, bedarf es keiner besonderen ethischen, biologischen oder ethnischen Eigenschaften. Man muss einfach nur ein verschuldungsfähiges und kreditwürdiges Dividuum sein.

Nach Ansicht von John Cheney-Lippold führt diese Entwicklung in eine Welt »algorithmischer Identitäten«:

In einer Zeitspanne, die kaum länger ist als ein durchschnittlicher Fernsehwerbespot, hat man sich durch die Aktivität im Netz eine Identität geschaffen, die sich von jener Person unterscheidet, für die man sich bisher hielt. In einer weit entfernten Datenbank wurde einem ein Geschlecht, eine ethnische Zugehörigkeit, eine Schicht, ein Bildungsniveau und möglicherweise auch der Status eines Elternteils mit einer bestimmten Zahl von Kindern zugeschrieben. ... Wer wir in dieser Welt sind, geht weit hinaus über eine deklarierte Selbstidentifizierung oder ein beabsichtigtes Verhalten. Wer wir sind, das ist, laut der Arbeit über »Profilerstellungsgeräte« des Internetforschers Greg Elmer, nicht zuletzt eine Darstellung unserer Daten, interpretiert durch Algorithmen. Wir sind wir selbst mit zusätzlichen Schichten dessen, was ich in einer früheren Arbeit als algorithmische Identitäten bezeichnet habe (2017, 3–5).

Diese neuen algorithmischen Identitäten verändern unser Verständnis der gesellschaftlichen Strukturen, weil sie die Grenzen zwischen Menschen und Bots praktisch verwischen. Ein Ergebnis dieser komplexen Verschiebung ist die wachsende Dehumanisierung von Dienstleistern wie Fahrern, Reinigungskräften oder Mitarbeitern von Zustelldiensten, weil sich die Nutzer zunehmend an die Kommunikation mit Bots und algorithmischen Systemen gewöhnen. Darüber hinaus unterstützt die Gig Economy ein System der Ausbeutung und der Informationsasymmetrie, wie eine kurze Analyse von Uber zeigen wird.

»Partner« – nicht »Beschäftigte«

Die 2010 gegründete Firma Uber hat mit ihrem Versprechen »Geld verdienen durch Autofahren oder Lass Dich fahren« die urbane Landschaft in vielen großen Städten der Welt durchgreifend verändert. Der Journalist Nikil Saval klagte: »Uber hat das herkömmliche Taxigeschäft ruiniert, vor allem dadurch, dass es außerhalb der Regeln agiert, die für diese Branche gelten. Dazu gehört die Vergabe von Lizenzen, die die Zahl der Wagen begrenzen, die ein Taxiunternehmen betreiben darf. Weil Uber Zugang zu Risikokapital hat, muss es keine Gewinne erwirtschaften, es schreibt vielmehr jedes Jahr Verluste in Milliardenhöhe« (2019). Das Unternehmen bietet ein hohes Maß an Bequemlichkeit, hat aber gleichzeitig maßgeblich die starke Zunahme von Verkehrsbehinderungen

verursacht, die in mehr als 22 US-amerikanischen Städten regis-
triert wurden (Saval 2019). Zudem hat Uber, wie Saval hervorhebt,
wesentlich zur Zurückdrängung sozialer und gemeinschaftlicher
Verantwortlichkeit beigetragen. Durch die Buchung einer Fahrt
verändert ein Passagier den urbanen Raum in eine sterile Umgebung, ähnlich wie in einem Videospiel. Saval schreibt:

> Alles wird aus dem Bild herausgenommen, mit Ausnahme der
> Straßen: Nichts steht mehr zwischen dem Menschen und dem
> Fahrzeug außer die Zeit und der leere Raum. Für den Ver-
> braucher ist dies ein ätherisches Bild. Doch die Straßen sind
> voller Gebäude, Menschen und anderer Fahrzeuge. Sich in
> einer Stadt zu bewegen, erfordert, sich Raum anzueignen, der
> von Natur aus ein begrenztes Gut ist. *Jeder neue Fahrgast ver-
> mindert das Erlebnis für die bereits bestehenden Kunden* (2019,
> kursive Hervorhebung hinzugefügt).

Saval und andere haben davor gewarnt, dass wegen der wachsenden Popularität von Uber die Nutzung von Bus und Bahn
zurückgeht, wodurch die Abgasemissionen steigen und sich die
öffentliche Sphäre verändert. In anderen Studien wurden vor
allem die Auswirkungen von Uber auf die Fahrer unter die Lupe
genommen. Im Zuge einer Untersuchung von Ubers algorithmi-
schem Management und Fernverwaltungskonsole haben Luke
Stark und Alex Rosenblat aufgezeigt, wie die Zeit der Fahrer auf
diesem Matching-Markt effizienter nutzbar gemacht wird (Stark
und Rosenblat 2016). Dies führt zu grundlegenden informatio-
nellen Asymmetrien zwischen den Dienstleistern und den Eignern der Plattform:

> So haben Fahrer zum Beispiel 15 Sekunden Zeit, um zu ent-
> scheiden, ob sie Beförderungsanfragen von der Plattform an-
> nehmen wollen oder nicht, wobei ihnen das Fahrtziel nicht
> angezeigt wird. Die Fahrer werden also darüber im Dunkeln
> gelassen werden, ob es sich nur um eine kurze, unprofitable
> Fahrt handelt. Unterdessen arbeitet Uber weiter an seinem

Ziel, allen potenziellen Kunden einen nahezu verzögerungsfreien Service zu bieten. Weil Uber die Plattform selbst entwickelt hat und nach Belieben verändern kann, werden Interessenkonflikte zwischen den Dienstleistern und den Eignern durch die Plattform selbst im Sinne von Uber gelöst, nicht vermittels kollektiver Verhandlungen oder anderer Prozesse, die den Dienstleistern eine Mitwirkungsmöglichkeit bieten (Stark und Rosenblat 2016, 3762).

Es spielen noch weitere Konflikte und Interessen eine Rolle: nicht nur zwischen Uber und seinen Fahrern (die das Unternehmen nicht als »Beschäftigte«, sondern als »Partner« oder »Anbieter« bezeichnet) – sondern auch zwischen den Passagieren und den Fahrern sowie zwischen den Passagieren untereinander. Wenn eine beliebte Anwendung wie »Uber Pool» genutzt wird, die Passagiere mit demselben Fahrtziel oder zumindest -richtung zusammenbringt, müssen alle anderen eine Verzögerung in Kauf nehmen. Durch das Überwachungs- und das undurchsichtige Sanktionierungssystem und die Tatsache, dass zusätzliche Fahrgäste als Bedrohung der eigenen Effizienz und des Zeitmanagements betrachtet werden, macht Uber die tägliche Fahrt zur Arbeit zu einem hochindividualisierten, quantifizierbaren und spielähnlichen Erlebnis.

Dies kann erklären, warum sich Vermittlungsdienste zur Personenbeförderung wie Uber oder Lyft wesentlich von früheren Formen kapitalistischer Ausbeutung unterscheiden. Auf Grundlage der Forschungen von Stark und Rosenblat wurde im AI Now Report von 2017 gefordert: »Die Forschung muss spezifisch herausarbeiten, was durch Künstliche Intelligenz (KI) getriebene Asymmetrien von anderen Formen der Überwachung unterscheidet, wie etwa dem Tayloristischen Wissenschaftsmanagement oder der Prüfungskultur vollständiger Qualitätskontrolle. Ein eindeutiger Unterschied besteht darin, dass sich KI auf die Überwachung des Arbeitsplatzes stützt und die Daten, die dabei anfallen, was eine Normalisierung der Arbeitsplatzüberwachung darstellt« (Campolo et al. 2017, 10).

Vor dem Hintergrund der in Kapitel 1 geführten Diskussion über Bequemlichkeit, die die Begrenzungen des Körpers umgehen oder erweitern soll (Tierney 1993), zeigt das Beispiel Uber, wie dieses Bestreben nach unmittelbarer Belohnung neue Formen von Erschöpfung und sensorischer Ausdauer hervorgebracht hat. Die Fahrer werden mittels algorithmischer Systeme wie »dynamisches Preismanagement« oder durch Tools wie Benachrichtigungen und Belohnung dazu verleitet, stundenlang auf der Straße zu bleiben. Die Abhängigkeit von ihren algorithmischen »Chefs« hindert sie daran, sich zusammenzuschließen, Ruhepausen einzulegen oder andere Fahrer solidarisch zu unterstützen. Darüber hinaus führt jeder Verstoß gegen die Vorgaben dieser neuen Tyrannen zur »Deaktivierung« und zum Ausschluss von der Plattform.

Wenn etwas schiefläuft, sind die Fahrer auf sich allein gestellt. Sie sind nur angehalten, dieses telefonisch oder schriftlich dem »Community Support« mitzuteilen, eine irreführende euphemistische Bezeichnung für Ubers automatisiertes Servicezentrum. Rosenblat beschreibt, wie dies häufig die Spannungen zwischen den Fahrern und der Plattform verschärft: »Cecily McCall, eine afroamerikanische Fahrerin aus Pompano Beach in Florida, erzählte mir, dass ein Passagier sie einmal als ›dämlich‹ und ›dumm‹ bezeichnet habe und ein rassistisches Schimpfwort benutzt habe, so dass sie die Fahrt vorzeitig beendete. Als sie an den Support schrieb und den Grund für den Abbruch erklärte, kam die Antwort anscheinend von einem Roboter: ›Es tut uns leid. Wir wissen es zu schätzen, dass Sie sich die Zeit nehmen, uns zu kontaktieren und die Einzelheiten mitzuteilen‹«(2018b). Der Versuch, ein Versagen mitzuteilen, kann schnell nach hinten losgehen, wenn soziale oder gemeinschaftliche Rechenschaftssysteme durch Blackbox-Algorithmen ersetzt werden. Auch hier wird das Scheitern verleugnet, indem man die Begriffe ändert, mit denen man es beschreibt:

Während Kritiker in der Sprache der Arbeitswelt beschreiben, wie die Fahrer behandelt werden, kann die Sprache der Technologie von solchen Anliegen und Sorgen ablenken. Wenn

Fahrten nicht bezahlt werden, sprechen Arbeitsrechtler von Lohndiebstahl, Uber von einem Versehen. Wenn Uber von Passagieren Fahrpreise verlangt, die auf seiner Einschätzung ihrer Zahlbereitschaft auf Grundlage ihrer gewünschten Route beruhen und nicht auf Regelsätzen, nennt manch Ökonom dies Preisdiskriminierung, doch Uber spricht von einer Innovation der Künstlichen Intelligenz (Rosenblat 2018b).

Das Versagen, das uns hier vor allem interessiert, ist daher nicht die Unsicherheit, die sich daraus ergibt, dass man für einen Algorithmus arbeitet; es ist vielmehr die Sprache, die benutzt wird, um diese Veränderung den Fahrern und Passagieren als bahnbrechende »Innovation der Künstlichen Intelligenz« zu verkaufen. Das Versprechen erhöhter Produktivität sowie von mehr Freiheit und Kontrolle über die eigene Zeit wird erneut in die Zukunft hinausgeschoben. Diese Verzögerung wird indes verleugnet und als »Disruption« bemäntelt. Schumpeters schöpferische Zerstörung lebt wieder auf, ohne dass deren stetig steigender Preis eingestanden wird.

Gleichzeitig resultiert das Unbehagen, das durch die App-Ökonomie aufrechtgehalten wird, nicht nur aus der Angst um den Verlust des Jobs oder vor prekären Beschäftigungsverhältnissen, in die man aufgrund der verstärkten Automatisierung oder der »Uberifizierung« auf dem Arbeitsmarkt leicht abgedrängt werden kann. Sie spiegelt vielmehr tiefer sitzende und häufig verleugnete Sorgen über eine »Auflösung sozialer Bindungen« (Goldberg 2018, 13) wider. Vergleicht man herkömmliche Fahrgemeinschaften mit Uber, drängt sich der Eindruck auf, dass die klassische Variante in mancherlei Hinsicht besser ist als das neue Angebot. Goldberg fasst die Kritik an der »Share Economy« zusammen und stellt dabei ihre binäre und in gewisser Weise oberflächliche Herangehensweise an komplexe Prozesse heraus: »[Für diese Kritiker] bilden die Teilnehmer von Mitfahrgemeinschaften eine kleine, sich selbst verwaltende, ethisch und altruistisch handelnde Gemeinschaft, während Uber ausbeuterisch, selbstbezogen und antisozial ist« (2018, 151). Wir machen uns solche binären

Unterscheidungen zwischen altruistisch und agnostisch, Gut und Böse nicht zu eigen, sondern möchten dieses Kapitel beenden mit dem Hinweis darauf, dass auch ältere Beschäftigungsmodelle, vor allem in Branchen wie Taxi- oder Hotelbetrieben, nicht weniger prekär und ausbeuterisch waren. Zudem wäre es falsch, die Uber-Fahrer als eine unwissende oder hilflose Gruppe von Menschen einzustufen, die zwangsläufig der Ausbeutung ausgeliefert ist. Forscher haben Online-Foren, die von Uber-Fahrern betrieben werden, untersucht und dabei herausgefunden, dass diese durchaus in der Lage sind, in gewisser Weise Widerstand zu leisten und bestimmte Aspekte des algorithmischen Managements der App zu manipulieren. So können sie zum Beispiel das System blockieren (d. h. Anweisungen der Plattform und zugeteilte Aufträge ablehnen), zwischen verschiedenen Fahrdienstvermittlern wie Uber, Lyft, Juno oder Via wechseln, um den Gewinn zu steigern, oder die Attraktivität der Mitfahrgelegenheiten vergleichen (Möhlmann und Zalmanson 2017). Eine andere Widerstandsmethode ist es, mit dem System zu spielen, indem man Schlupflöcher sucht, wie etwa zum eigenen Vorteil eine Fahrt abzusagen, um einem negativen Rating durch einen wütenden Gast zu entgehen. Kurz gesagt, das Verhältnis zwischen den Fahrern und der Plattform ist komplexer und dynamischer, als es den Anschein hat.

Fazit: Die Fantasie des »Aussteigens«

Wir haben aufgezeigt, dass die Welt der digitalen Innovation einen großen Beitrag geleistet hat zur Zerstörung älterer Form von Gesellschaftlichkeit, indem sie die Bedeutung von Bequemlichkeit, Identität und Konnektivität tiefgreifend verändert und neu konstituiert hat. Wir sehen heute, dass diese einschneidende Transformation einhergeht mit der rücksichtslosen »Dividualisierung«, die den Aktivitäten des Finanzkapitalismus zugrunde liegt. Diese Dividualisierung zeigt sich auch in anderen Bereichen der digitalen Welt, wie etwa dem Streaming, den Persönlichkeitsprofilen, der zielgerichteten Werbung und der Überwachung. In der Theorie können diese neuen Regimes des Sozialen legitimerweise von jenen abgelehnt werden, die sich dezidiert den neuen digitalen Regimes der Überwachung, der Konnektivität und dem Beziehungsaufbau auf elektronischem Weg widersetzt. Doch wie wir in unserer Schlussbetrachtung darlegen werden, ist der Ausstieg aus dem digitalen Ökosystem mehr Fantasie als Realität, und ein von Überwachung freies Leben ist unmöglich (Brunton und Nissenbaum 2015). Der verallgemeinerte Verdacht gegen gesellschaftliche Bezüge wird verstärkt in einer Zeit, in der Überwachung, Marketing und Profiling schon sehr weitgehend jegliche Form von kollektivem Widerstand ausgehöhlt haben.

Wir weisen Vorstellungen von technologischem Determinismus zurück und betonen, dass nicht die App oder die mobile Technologie verantwortlich zu machen sind für die Obsoleszenz von Gesellschaftlichkeit; es ist vielmehr die »schöpferische Zerstörung«, die sich auf monströse Weise zu einem Gewerbe entwickelt hat, das selbst die Ränder seines Geschäftsmodells zu Geld macht, indem es jedes Versagen in eine Handelsware ummünzt.

Sowohl im Bereich der digitalen Produktivität als auch auf den schuldengetriebenen Finanzmärkten hat das Versagen eine zentrale reproduktive Funktion erlangt und wird als normaler Bestandteil des Lebens in einer Welt der Apps und der Schulden dargestellt. In der Schlussbetrachtung kommen wir auf die Frage zurück, welche Art von progressiver Politik noch möglich ist im Zeitalter des digitalisierten Dividuums. Im folgenden Kapitel greifen wir aber zunächst unsere Definition des »habituellen Versagens« noch einmal auf und setzen uns eingehend mit der Monetarisierung des Wartens und der Funktionsweise des Ignorierens der Blackboxes auseinander, die unser Alltagsleben bestimmen.

Kapitel 3

DAS VERGESSENE VERSAGEN: ÜBER PUFFERUNG, LATENZ UND DIE MONETARISIERUNG DES WARTENS

Nach unserer Analyse der mobilen Apps und der raschen Obsoleszenz sozialer Strukturen zeigen wir in diesem Kapitel, wie Technikversagen monetarisiert wird. Wir betrachten die Pufferung und andere Momente der Latenz und der digitalen Verzögerung nicht als technische Probleme, die auf eine Lösung warten, sondern als strategische Mittel, um Abhängigkeit von den Internet Service Providern (ISP) und digitalen Infrastrukturen zu erzeugen. Dass Pufferung im Rahmen von Debatten über Netzneutralität oder Infrastrukturentscheidungen nur selten zur Sprache kommt, zeigt, welche Rolle die Erinnerung bei unserer Beurteilung des Versagens spielt. Die Hauptfrage lautet daher nicht, wie und wann die Pufferung überwunden werden kann, sondern warum sie so schnell vergessen wird. Eine Analyse von Gewohnheiten und Erinnerungsvermögen fördert Hinweise darauf zu Tage, warum Nutzer so schnell bereit sind, über die zahlreichen Macken und das digitale Gestotter ihrer geliebten Spielzeuge hinwegzusehen. Diese Erkenntnisse ermöglichen es, Pufferzeiten und Verzögerungen als ein aufgeschobenes Versprechen von Störungsfreiheit zu deuten. In einem wirtschaftlichen und kulturellen Diskurs, in dem die unbegrenzte Konnektivität ja eigentlich begrüßt wird, könnte die Pufferung die Nutzer möglicherweise irgendwann daran erinnern, dass die neuen Medien unsicher und unzuverlässig sind. Das systemische Verleugnen dieser Probleme ist daher von entscheidender Bedeutung für die Aufrechterhaltung der Logik und des Geschäftsmodells des Silicon Valley.

Zu diesem Zweck ordnen wir in diesem Kapitel die Diskussion über Pufferung, Verbindungsabbruch und Latenz in ältere Traditionen der Informationstheorie und der Kybernetik ein. Informationstheoretiker wie Norbert Wiener und Claude Shannon konnten sich nicht auf eine Definition des »Noise«, des Rauschens verständigen: Ersterer betrachtete das Rauschen als das Gegenteil eines Signals, wogegen Letzterer es als integralen Bestandteil des »Auswahl«prozesses einer Botschaft verstand (Wiener 1965; Shannon und Weaver 1975). In Shannon und Weavers berühmtem Diagramm (das ursprünglich die Bezeichnung trug: »Eine mathematische Theorie der Kommunikation«) wird die Bedeutung des Rauschens für ein Kommunikationssystem in den Vordergrund gestellt (Shannon und Weaver 1975). Im Grunde ist das Rauschen ein Versagen der Wahrnehmung, aber das Gegenteil ist ebenfalls gültig: Ein Signal ist eine wahrgenommene erfolgreiche Strukturierung oder Ordnung des Rauschens. In diesem Modell existiert das Rauschen durchgehend und wird nur manchmal herausgefiltert. Was geschieht, wenn wir uns an das (ungefilterte) Rauschen gewöhnen? Wie können wir visuelles Rauschen theoretisch erfassen, das – obgleich es allgegenwärtig ist – nur selten von Medienwissenschaftlern diskutiert oder untersucht wird?

In Anknüpfung an unsere Diskussion des »Technikversagens« in Kapitel 1 möchten wir die Pufferung als Fallbeispiel für die Ästhetik und Logik des Scheiterns heranziehen. Zunächst aber bedarf es einer Definition. Das berüchtigte GIF des »Ladens« (oft als »Spinnrad des Todes« bezeichnet) erscheint jedes Mal auf dem Bildschirm, wenn ein Internetserver Daten in einen reservierten Speicherbereich vorlädt, den so genannten »Puffer«. Im *Oxford English Dictionary* wird ein Puffer definiert als »eine Person oder ein Gegenstand, der Personen oder Gegenstände, die unvereinbar oder gegensätzlich sind, daran hindert, sich gegenseitig zu schaden«. Das Wort »Puffer« bezeichnet demnach ein Spannungsverhältnis zwischen Unsicherheit und Kontrolle. In digitalen Netzen verzögert der Puffer die Übertragung, damit eine ausreichend große Datenmenge zur Verfügung steht, die für ein unterbrechungsfreies Streaming erforderlich ist. Ironischerweise ist dieser Mechanismus, der eigentlich Störungen verhindern und uns vor schädlichen Kontakten schützen soll, zu einer dauerhaften Quelle von Verängstigung und Frustration geworden. Das Ergebnis ist ein allgegenwärtiges Bild: ein niemals endender, ewiger Kreis im Loop, unter dem gelegentlich der Ausdruck »Wird geladen« erscheint. Dieses GIF informiert uns darüber, dass die gestreamte Welt, in die wir vor wenigen Sekunden noch eingetaucht waren, angehalten worden ist, während die Daten von einem Server zum nächsten geschickt werden. Diese »Ästhetik der Verzögerung«, um Nicole Starosielskis Bezeichnung für die zahllosen Situationen zu verwenden, in denen webbasierter Inhalt nicht effizient übermittelt wird, beeinträchtigt unsere Vorstellung von Unmittelbarkeit, Handlungsfähigkeit und Kontrolle im Zeitalter des sogenannten Connected Viewing (Starosielski 2015).

Vor dem Hintergrund unserer Diskussion über das Technikversagen gehen wir davon aus, dass Streamingdienste und Komprimierungstechniken von vornherein mit »digitalen Dämmen« versehen sind: mit zahlreichen Unterbrechungen und Störgeräuschen, die aus technologischen, rechtlichen, industriellen oder politischen Strukturen und Begrenzungen erwachsen. Diese Momente unterscheiden sich grundsätzlich von älteren Formen von »Störungen« des Zuschauererlebnisses, wie etwa der Verzerrung oder dem Verschleiß von VHS-Bändern (Hilderbrand 2009), der »schwerfälligen« DVD (Smith 2008) oder der Werbeunterbrechungen im Fernsehen und ihrer »Ästhetik der Disruption und Verunreinigung« (Jacobs 2011, 255). Während letzteres Phänomen ausführlich untersucht und theoretisch aufgearbeitet wurde, haben die Pufferung, die Bandbreite (Datenübertragungsrate) und die begrenzte Akkulaufzeit noch nicht die wissenschaftliche Aufmerksamkeit gefunden, die sie verdienen. Wie wir sehen werden, stellen sie die Unterscheidung zwischen Versagen und Zusammenbruch in Frage, mit der wir uns in den vorherigen Kapiteln befasst haben.

Diese wissenschaftliche Lücke ist umso erstaunlicher angesichts der Allgegenwärtigkeit von Rauschen und Störungen in den digitalen Systemen. Das Konzept des »Streaming« wurde oft mit Effizienz, Unmittelbarkeit und reibungslosem Datenfluss in Verbindung gebracht und als neue Möglichkeit gepriesen, die Kontrolle von Content-Erstellern und Datenlieferanten auf die Nutzer zu verlagern (Jenkins 2006). Netflix-Chef Reed Hastings proklamierte sogar: »Das Warten ist tot« (zitiert in Hass 2013).

In Wirklichkeit ist die durchschnittliche Zunahme der Bandbreite (manchmal auch als »Nielsens Gesetz der Internet-Bandbreite« bezeichnet) langsamer als das Wachstum der Rechenleistung (Moore'sches Gesetz) – weswegen die Nutzer in Zukunft wohl häufiger mit »digitalen Dämmen« Bekanntschaft machen werden. Der dänische Ingenieur und Erfinder Jakob Nielsen, der sich seit mehr als 20 Jahren mit der Entwicklung der Datenübertragung befasst, warnt daher: »Die Bandbreite wird der zentrale Faktor für die Qualität der Internetnutzung werden« (2018). Die durchschnittliche Datenübertragungsrate wächst nur relativ langsam, weil die Telekommunikationsunternehmen ungern Milliardenbeträge für Infrastrukturausbau und Ausrüstung ausgeben wollen. Und selbst wenn sie in größerem Stil investieren, erfordert es Zeit, die hochkomplexen Netzwerke auf den neuesten Stand zu bringen. Zudem »sind auch die Nutzer meist nicht bereit, viel Geld für die Datenübertragung auszugeben … Wenn man sich ein doppelt so schnelles Modem kauft, kann man Internetseiten trotzdem nicht doppelt so schnell herunterladen: Die Geschwindigkeit des Internets ist abhängig von der individuellen Konnektivität des Nutzers und der Infrastruktur. Man kommt nicht sofort in den Genuss eines Upgrades der Bandbreite, sondern erst, wenn sich die Leistungsfähigkeit des Internets und der Host-Server insgesamt verbessert« (Nielsen 2018). Angesichts der Tatsache, dass die globale Nutzerbasis des Netzes exponentiell wächst, ist die Vorstellung vom Internet als einer reibungslos und störungsfrei zugänglichen Infrastruktur weit entfernt von der Wirklichkeit.

Eine zusätzliche Komplikation ist die Existenz zahlreicher digitaler Spaltungen. Faye Ginsburg (2008), Helga Tawil-Souri (2017), Shannon Mattern (2019) und andere haben gezeigt, dass digitale Infrastrukturen durch steuerliche, politische und territoriale Interessen bestimmt werden, die dafür verantwortlich sind, dass Millionen Menschen auf der Erde nur einen eingeschränkten oder gar keinen Zugang zum Internet haben. Selbst der Besitz eines Mobiltelefons garantiert noch nicht den Zugang zu Informationen. Noch im Jahr 2018 konnten 34 Millionen US-Amerikaner nicht das Internet nutzen, weil sie keinen Zugang zu Breitbandversorgung besaßen oder die Kosten für den Datenbezug nicht aufbringen konnten (Stephens und Mahesh 2018). Dieser neue Klassengegensatz kommt nur selten zur Sprache in den Debatten über technischen Fortschritt und das Versprechen, schnellere Infrastrukturen zu schaffen.

Um sich von utopischen Vorstellungen über Konnektivität zu lösen, ist es wichtig, darauf hinzuweisen, dass Warten ein relativer Begriff ist; er kann Unterschiedliches bedeuten je nach Erwartungen und Umständen (Tawil-Souri 2017). In Teilen der Welt, in denen es immer wieder Stromausfälle gibt, warten die Mediennutzer auf ganz andere Weise und sie nutzen auch andere Medien (wie etwa Kassetten). Wie in Kapitel 2 dargestellt, ist die Unterscheidung zwischen »Konnektivität« und »Zugänglichkeit« von grundlegender Bedeutung (Baker et al. 2013, 4). Die oftmals uneingestandene Korrelation zwischen Konnektivität und sozialer oder ethnischer Zugehörigkeit, Behinderung, Nationalität oder Alter zu berücksichtigen, kann uns helfen, jene »digitalen Dämme« zu erkunden, wenn wir politische Zensur, die Konstruktion von Schnittstellen oder verzerrte algorithmische Systeme untersuchen (wie etwa AutoComplete von Google, Anzeigen oder Suchergebnisse). Während die Pufferung ein Routinevorgang und erwartbares Phänomen ist in Ländern oder an Orten, wo es keinen Highspeed-Internetzugang gibt, muss sie im Diskurs über Bürgerbeteiligung und Handlungsfähigkeit der Nutzer in den stark vernetzten westlichen Ländern anders bewertet und theoretisch erfasst werden.

Doch der vorherrschende Diskurs über Bandbreite und Konnektivität ignoriert diese digitalen Spaltungen und feiert eher die technischen Fortschritte – im Vordergrund stehen die immer schnelleren Infrastrukturen wie zum Beispiel das 5G-Netz oder die Kompressionstechnologien. Die Pufferung bleibt entweder unbeachtet oder wird als vorübergehende Störung eingestuft – als Problem, für das sich eine Lösung finden wird. Im Wesentlichen beschäftigen sich nur IT-Fachzeitschriften oder Fachmedien der Branche mit dieser Thematik. Ignoriert werden die Phänomenologie und die affektive Ökonomie, die durch digitales Rauschen und den Übergangszustand des Wartens erzeugt werden. In den letzten Jahren haben die technischen und empirischen Analysen zum einen datengesteuerte Untersuchungen von Datenübertragungsraten, Latenz und Internetprotokollen und zum anderen unzählige Essays über Netzneutralität und Gesetzgebung angeregt (insbesondere nach dem Abschluss des Kooperationsvertrags zwischen Netflix und Comcast im Februar 2015). Gestützt auf diese Untersuchungen möchten wir unsere Analyse der Versprechensmaschine erweitern und die inhärenten Schwächen und Begrenzungen der digitalen Technologien in den Vordergrund rücken. Dies ermöglicht es, die kommerzielle und institutionelle Logik zu problematisieren, die das Internet als letzte und höchste Stufe des Informationszeitalters feiert – als ein utopisches Netz, das Unmittelbarkeit, Personalisierung und Wahlmöglichkeit bietet.

Der Mythos der Immaterialität

Ähnlich wie der intransparente und hochspezialisierte Diskurs über Finanzmärkte und ökonomische Infrastrukturen (womit wir uns in Kapitel 4 befassen werden) beruht auch der Diskurs über Digitalkultur auf Abstraktion und Entmaterialisierung. Unter Bezug auf Marx' Einstufung des Kapitals als Fetisch schreibt Wendy Hui Kyong Chun, dass »wir ›einfaches Volk‹ den Quellcode als ein magisches Wesen verehren – als eine Quelle für Kausalität –, während die Macht in Wirklichkeit woanders liegt, vor allem in sozialen und maschinellen Beziehungen« (2008, 301). In seinem Essay ›Current Screens‹ aus dem Jahr 2011 zieht Sean Cubitt einen Vergleich zwischen Kapital und Digitalarchitektur: »Es ist typisch für den Informationskapitalismus, dass Schlüsselmarken wie Apple, Matsushita oder Sony die Bauteile ihrer Produkte nicht selber fertigen und oft auch nicht im Besitz der Montagewerke sind, in denen die Endprodukte hergestellt werden. Stattdessen konzentrieren sie sich auf das Kerngeschäft des geistigen Eigentums: die Marke rechtlich zu schützen, Hardware patentieren zu lassen und Urheberrechte anzumelden, die Software und Inhalt verbinden« (2011, 25). Immaterialität ist daher das wichtigste Geschäftsmodell, auf dem die Digitalbranche fußt, während die risikobehafteten materiellen Bedingungen, unter denen die Mobilgeräte und die Produkte der Konsumelektronik produziert werden, meist in den Globalen Süden ausgelagert werden und den Nutzern verborgen bleiben (Mantz 2008).

Diese Abstraktion wird unter Zuhilfenahme unzähliger Metaphern vermittelt, die aus der so genannten prä-digitalen Welt stammen. Während »Streams« (breiter Fluss) und »Clouds« (Wolken) an die natürliche Welt anknüpfen, werden Geräte und Objekte wie Router oder Server oft in einem erstaunlichen Maße vermenschlicht. Der offizielle Technikblog von Netflix beispielsweise beschreibt die nicht funktionierenden Server des Unternehmens als »krank«, statt als »dysfunktional« oder »kaputt«. Die meisten Posts auf dem Netflix-Blog sind anonym verfasst im Stil einer »Problemgeschichte«: Zuerst wird ein technisches Problem benannt, wie etwa Pufferung, Latenz oder »deviante Server«; dann stellt der Verfasser die neueste Problemlösung durch die Firma vor, und am Ende werden die technikkundigen Leser daran erinnert, dass Netflix stets auf der Suche nach neuen Mitarbeitern ist (»Wenn Du uns dabei unterstützen möchtest, solche Herausforderungen zu bewältigen – wir stellen Leute ein!«). Auch wenn diese Posts zeigen, wie sehr Computeringenieure und Webmaster dazu neigen, die digitale Infrastruktur zu vermenschlichen und sie mit Begriffen eines biologischen Körpers zu belegen, beruht die von ihnen vorgeschlagene Lösung paradoxerweise immer auf den Zauberworten »Maschinenlernen« und »Automation«.

Diese Posts sind weit mehr als Anekdoten, denn sie machen die Verbindung erkennbar zwischen digitalem Rauschen (verursacht durch »kranke Server«) und der Obsession für Automatisierung und Effizienz, die für die Verleugnung des Technikversagens von zentraler Bedeutung ist. Während Maschinen die Plätze von Ingenieuren und Entwicklern einnehmen, werden die Nutzer mit einem Diskurs über konstanten Fortschritt abgespeist, in dem die Existenz des Versagens nur im Rahmen eines umfassender angelegten Narrativs über Problemlösung, Automation und künstliche Intelligenz anerkannt wird. Diese Tendenz, das Versagen umzudeuten zu einem wichtigen Schritt auf dem Weg zum Erfolg, findet sich auch in einem anderen literarischen Genre, das nur selten untersucht wird: den jährlichen Briefen an die Investoren, in denen das wirkliche Denken und die »authentische Sprache« der großen Firmenchefs im Silicon Valley wahrscheinlich unverstellter zum Vorschein kommen. Im Fall von Amazon beispielsweise zeigt der jährliche Aktionärsbrief von dessen Gründer Jeff Bezos, den dieser seit dem Börsengang des Unternehmens im Jahr 1997 verfasst, wie eine Firma, die während der meisten Zeit ihres Bestehens keine dauerhaften und substantiellen Gewinne erwirtschaftet hat, das Versagen annimmt und gutheißt. In seinem Aktionärsbrief von 2010, als das Unternehmen noch immer Geld verlor, stellte Bezos ein Modell vor, das auf Innovation und Experimenten beruhte: »Aller Arbeitsaufwand, den wir in die Technologie stecken, würde letztlich nicht viel bewirken, wenn wir die Technologie gesondert in einer Abteilung für Forschung & Entwicklung mitlaufen ließen. Aber diesen Weg gehen wir nicht. Die Technik durchdringt vielmehr die Arbeit sämtlicher Teams, jeden unserer Prozesse, die Entscheidungen und Innovationsbildungen in all unseren Geschäftszweigen« (zitiert in Hooda 2017). Durch das Vertrauen in den technischen Fortschritt, das Bezos zur Schau stellt, demonstrieren seine Aktionärsbriefe die Logik des »Solutionismus« (Morozov 2013). Dieser Begriff beschreibt die Vorstellung, dass die Technologie jedes Problem lösen, das Leben »reibungsfrei« machen und das Versprechen der Bequemlichkeit erfüllen kann, sofern der richtige Code, Algorithmus und die geeigneten Roboter zum Einsatz kommen.

In der Praxis dient ein Diskurs über »Solutionismus« und digitale Immaterialität dazu, die Allgegenwärtigkeit der digitalen Dämme zu verleugnen und die Illusion aufrechtzuerhalten, dass Pufferung die Ausnahme sei und nicht die Regel. Das Problem der Pufferung kann angeblich durch das »Upgrading« der Geräte, Abonnements oder Datenpakete gelöst werden. Repräsentanten von Marktführern ignorieren die mannigfachen digitalen Spaltungen und behaupten, dass das Problem der Pufferung in naher Zukunft verschwinden werde dank einer verbesserten Infrastruktur und der Entwicklung effizienterer Kompressionsalgorithmen. Dieser beinahe religiöse Glaube an den Mythos des endlosen technologischen Fortschritts ist in dreifacher Hinsicht problematisch: Zum einen interpretiert er Verzögerung fälschlicherweise als ein rein technisches Problem und ignoriert, in welchem Umfang die Infrastruktur und der Zugang zum Internet durch ein vielschichtiges Netz aus privaten und staatlichen Einrichtungen kontrolliert werden; zum zweiten lässt er außer Acht, wie das Warten monetarisiert werden kann und wie durch eine absichtliche Verlangsamung des Netzzugangs die Verbraucher dazu gezwungen werden können, sich für die Buchung von »Premiumdiensten« zu entscheiden; und drittens wird die Kompression überhöht zu einer idealen, problemfreien Lösung für den ständig steigenden Bedarf an Speicherkapazität und Übertragungslösungen.

Der dritte Aspekt ist besonders beunruhigend, denn die Videokompression beruht definitionsgemäß auf verschiedenen Formen des Löschens und Selektierens. Nach der Definition von Lev Manovich ist Kompression »die Technik, die Bilddateien verkleinert, indem sie bestimmte Informationen eliminiert« (2002, 54). Zudem beruht die Übertragung von digitalen Daten auf »verlustbehafteter Kompression«: »Obgleich die Computertechnologie in der Theorie die fehlerfreie Replikation von Daten erlaubt, ist ihre Verwendung in der heutigen Gesellschaft durch Datenverlust, Verschlechterung und Rauschen charakterisiert« (2002, 55). Dieser Prozess erfordert die Eliminierung vermeintlich »redundanter« Daten und geht von einem imaginären »abgelenkten

Zuhörer« oder Zuschauer aus, der den Inhalt unter »nicht gerade idealen Bedingungen« konsumiert (Sterne 2012, 2). Jonathan Sterne erinnert uns daran, dass technische Utopien und Fortschrittsmythos Hand in Hand gehen mit dem Versprechen größerer Wirklichkeitsnähe, in der Praxis aber häufig in beträchtlichem Maße Originaldaten verloren gehen. Das Vorhandensein von Rauschen ist daher *notwendig und nicht zufällig*, sowohl in Bezug auf die Kompressionstechnologien und standardisierte Formate als auch bei den Übertragungsprotokollen und der Datenvermittlung. Paradoxerweise hat der Drang nach höherer Auflösung und gesteigerter Bandbreite eine Ökonomie der »schlechten Bilder« hervorgebracht – das falsch geschriebene oder anonyme virale JPEG, die Videodatei oder das GIF, das »aus dem geschützten Paradies vertrieben worden ist, welches das Kino früher scheinbar einmal gewesen ist« (Steyerl 2009).

Mit anderen Worten: Es besteht eine sich vergrößernde Kluft zwischen den Mythen und Metaphern, welche die »On-demand-Kultur« und das »Connected Viewing« (Holt und Sanson 2013) umgeben und stützen, und den täglichen Erfahrungen der Nutzer. Wir sollen glauben, dass digitale Daten gleichzeitig »überall« und »nirgends« sind, während die ernüchternde Wahrheit darin besteht, dass wir audiovisuelle Inhalte nur dann bruchlos und störungsfrei konsumieren können, wenn wir zufällig in einem entwickelten Land leben, Premiumgebühren für einen Hochgeschwindigkeits-Zugang zum Internet zahlen und darauf achten, dass wir nur innerhalb einer bestimmten Entfernung von unseren zunehmend fetischisierten Routern und WiFi-Hotspots surfen. Und wenn wir das Glück haben, auf die eindrucksvollen Bibliotheken von Netflix oder Hulu zugreifen zu können, zahlen wir häufig einen Preis in Form zwiespältiger Datenschutzeinstellungen. In diesem Kapitel können wir nicht auf die laufende Debatte über den Schutz der Privatsphäre und Überwachung im Digitalzeitalter eingehen. Wir möchten aber zumindest erwähnen, dass die Streaming-Technologie zum Teil auf Methoden der Datengewinnung beruht, die uns zu einem Faustischen Pakt zwingen: »Du bekommst den Service umsonst, die Kosten bestehen nur darin, dass wir Informationen über dich erhalten« (Pariser 2012, 6). Zugleich wäre es falsch anzunehmen, dass bruchlose und störungsfreie Übertragung das einzige oder höchste Ziel der großen Medienkonglomerate wäre. Vielmehr erweist sich die Verlangsamung, Begrenzung oder Unterbindung des Zugangs zu Daten als effizienteste Möglichkeit, digitale Dienste zu monetarisieren.

Falsche Latenz und die Monetarisierung des Wartens

Die Pufferung hat für die digitale Zuschauerschaft Langsamkeit und Verzögerung zur Folge – zwei Faktoren, die sich auf verschiedene Arten zu Geld machen lassen. Eine Analyse der Pufferung kann daher zeigen, wie das Versagen durch die Technologiebranche monetarisiert wird. Wie einige Marktführer wie Amazon oder Google auf die harte Tour lernen mussten, können schnellere Datenübertragungsraten die Toleranz für Latenzzeiten und Verzögerungen abschwächen. In den neunziger Jahren wurde das Internet noch hauptsächlich für statisches Surfen im Web oder für E-Mails genutzt. Bei diesen Aktivitäten können Verzögerungen leicht in Kauf genommen werden. Heute dagegen sind Video-Streaming und Multiplayer-Spiele – die eine hohe Datenübertragungsrate benötigen – die vorherrschenden Online-Aktivitäten. Auf dem digitalen Marktplatz können auch nicht wahrnehmbare Verzögerungen zu einem Einnahmeverlust führen: Amazon beispielsweise hat herausgefunden, dass die Firma für jede Verzögerung um 100 Millisekunden, die auf ihrer Seite auftritt, Einkommenseinbußen von einem Prozent erleidet. Diese Erkenntnisse haben Amazon veranlasst, im näheren Umkreis von Partnerunternehmen Server in »Co-Location Facilities« einzurichten, um die Laufzeiten zu verringern (Farman 2018, 79). Die Minimierung von Verzögerungen ist für Unternehmen, die Inhalte vermarkten, ebenfalls von entscheidender Bedeutung: Eine Studie aus dem Jahr 2017 ergab, dass nach fünf Sekunden Pufferung 20 Prozent der Personen, die ein Video anzuschauen begonnen haben, die Seite verlassen; nach zehn Sekunden ist schon die Hälfte weg; und nach 20 Sekunden warten nur noch 30 Prozent darauf, dass es weitergeht (Farman 2017). So bedeutsam diese Verzögerungen sein mögen, sie verblassen im Vergleich zur wettbewerbsintensiven Welt des algorithmischen Handels, wo Finanzinstitute Verbindungen zu Börsenplätzen im »low-latency Trading« herstellen, um Transaktionen in Millisekunden abzuwickeln (Hasbrouck und Saar 2013). In diesem Hochfrequenzhandel (HFT) kann jede Millisekunde Milliarden Dollar kosten. Wie die Technologiekonzerne haben auch viele Hedgefonds ihre Serverfarmen in der Nähe von Börsenplätzen angesiedelt, um sich Wettbewerbsvorteile zu verschaffen – was die urbane Landschaft von Wirtschaftsmetropolen wie New York City verändert.

Die wichtigste und häufigste Art, in der das Silicon Valley und die Wall Street die Latenz zur Gewinnmaximierung nutzen, besteht darin, Dienstleistungen oder Produkte mit dem Versprechen einzuführen, die Auswirkungen der Latenz zu begrenzen oder vollständig zu eliminieren. Unzählige Unternehmen haben ihren Kunden schon einen schnelleren Verbindungsaufbau und verbesserte Ladezeiten versprochen, von Telekommunikationsgiganten wie Verizon bis zu Startups aus dem Silicon Valley wie Wix (eine cloudbasierte Web-Entwicklungsplattform). Eines dieser Produkte ist »Wix Turbo«, das im Februar 2019 in einer anspruchsvollen Vermarktungsoffensive in Zusammenarbeit mit Marvel Studio präsentiert wurde. In einminütigen Werbespots mit Clips aus dem mit viel Vorschusslorbeeren bedachten Film *Captain Marvel*, der 2019 in die Kinos kam, fordert eine männliche Stimme die Nutzer auf, sie sollten »aufhören, das langsame Internet für die träge Website verantwortlich zu machen« und stattdessen die Premiumservices von Wix buchen, damit die eigene Internetseite schneller geladen werden kann. Mit mehr als 12 Millionen Aufrufen auf YouTube in knapp einem Monat war die Werbekampagne von Turbo Wix ein erfolgreicher Versuch, die populäre Vorstellung von Superhelden mit Geschwindigkeit und der »innovativen Technologie« von Datenzentren zu verbinden. Mit der Betonung der globalen Infrastruktur (»Wix hat nun viermal so viele Datenzentren auf der Welt«) ist diese Werbekampagne ein Beispiel für die »Infrastrukturalisierung« von digitalen Plattformen (Plantin und Punathambekar 2019, 164).

Eine Welt ohne Latenz ist jedoch ebenso fiktiv wie das Marvel-Universum. Während das Versprechen niedriger Latenz dazu genutzt wird, »Premiumdienste« oder neue Produkte zu vertreiben, besteht eine weniger beachtete Verwertungsmöglichkeit darin, Wartezeiten und Verzögerungen strategisch in Form von Geräten und Anwendungen in den Markt einzuführen. Die »falsche Latenz« ist dabei sogar ein sehr verbreitetes Geschäftsmodell, das von Tech-Konzernen eingesetzt wird, um Vertrauen zu erzeugen oder Gewinne zu maximieren (Farman 2018). Diese Kommerzialisierung des Wartens kann unterschiedliche Formen annehmen: Sie ist Teil von Apples jährlicher Markteinführung der neuesten Version seines iPhones – ein mit Spannung erwartetes Ritual, bei dem Medien über die Erstanwender berichten, die überall auf der Welt vor Apple-Läden ihre Zelte aufschlagen. Die Bilder von langen Schlangen wartender Menschen, die in Schlafsäcken übernachten, sind von ikonischer Qualität, auch angesichts der Tatsache, dass dieselbe Firma eingestanden hat, dass sie ihre iPhones absichtlich langsamer gemacht hat (Gartenberg 2018). Ein anderer Tech-Gigant, Facebook, hat die Funktion des »Sicherheitschecks« verlangsamt, um die Nutzer zu überzeugen, dass sie durch und durch vertrauenswürdig sei (Farman 2017). Und eine Steuersoftware namens TurboTax verlängert die Wartezeit der Nutzer, während sie vorgeblich deren Steuerrückerstattung »maximiert«. Langsamkeit ist zudem Teil eines wachsenden Marktes von analoger Nostalgie: eine Mobil-App namens Gudak Cam beispielsweise verspricht, die von einem Nutzer aufgenommenen Bilder erst drei Tage später sichtbar zu machen, wodurch die Aura und das Gefühl des Staunens wieder wachgerufen werden soll, das mit analoger Fotografie verbunden ist.

Ein aktuelles Beispiel für den Reiz des beabsichtigten Wartens ist der virtuelle Assistent von Google, der im Mai 2018 auf deren Entwicklerkonferenz in Kalifornien vorgestellt wurde. In der Eröffnungsrede, die sich im Netz rasch verbreitete, rühmte

Google-Chef Sundar Pichai, dass der neue Roboter-Assistent ein natürliches Sprachmuster verwende, das auch Interjektionen wie »äh« und »hmm« umfasse, wodurch er lebensechter klinge. Dieser neue Assistent wurde darauf programmiert, zu verzögern, zu warten und zu murmeln, und ist in der Lage, Telefonanrufe zu tätigen, Termine zu vereinbaren und Essensbestellungen aufzugeben, wobei er so tut, als wäre er ein Mensch. Dieses vom Rechner erzeugte Fehlerhafte fußt darauf, dass menschliche Unvollkommenheiten wie Zögern oder Warten von entscheidender Bedeutung sind für Nähe und Vertrauen. Das strategische »Hmm …« des Google-Assistenten wurde geschaffen, um den Eindruck von Unsicherheit zu erwecken und ihn dadurch als menschlich, allzu menschlich erscheinen zu lassen. Computer zögern nicht; sie führen aus. Indem er vermeintlich darin versagt, einen Befehl so schnell wie möglich auszuführen, und stattdessen Zeit verstreichen lässt, gelingt es dem Google-Assistenten, die Grenzen zwischen Bots und Menschen zu verwischen.

Anders gesagt, falsche Latenz kann ein strategisches Mittel sein, um uns an unsere Geräte zu fesseln. Dies erschwert die Einschätzung des Technikversagens. Verzögerungen können nur dann als Versagen betrachtet werden, wenn sie nicht extra programmiert wurden. Sobald sie Teil des Codes sind, wäre vielmehr das *Ausbleiben der Verzögerung* ein Versagen. Durch eine vollständige Ausschaltung des digitalen Murmelns von Stimmassistenten könnten diese Geräte weniger überzeugend wirken auf das arglose menschliche Ohr und daher als fehlerhaft eingestuft werden. Dies zeigt einmal mehr, dass Versagen gleichermaßen eine Beurteilung wie eine Währung ist. Es unterstützt ein selten analysiertes Geschäftsmodell, das Technologiefirmen zahlreiche Anreize bietet, mit Langsamkeit, Verzögerung und Frustration zu arbeiten.

Das komplexe Netz aus Geschwindigkeit, Regulierung und Zugang wurde in aktuellen Debatten über Netzneutralität und den Mythos des »offenen Internets« in den Vordergrund gerückt. Ähnlich wie eine latenzfreie Infrastruktur ist aber auch das »offene Internet« eine kulturelle Fantasie, die nie in vollem Umfang verwirklicht wurde. Vielmehr wird das Internet seit dem Jahr 2017 von einigen wenigen Konglomeraten kontrolliert, die wie Monopole agieren: »Google, Facebook, Apple, Amazon, Netflix und andere verwalten den Zugang zum Großteil des erzeugten Contents, der über Breitband und drahtlose Netzwerke verbreitet wird. Auf Google entfallen schätzungsweise mehr als 63 Prozent der Suchanfragen, und es soll bis 2019 rund 80 Prozent der Suchmaschinenwerbung kontrollieren. Facebook besitzt weitgehende Kontrolle über den Zugang zu Online-Nachrichten und sein unreguliertes Werbenetzwerk stellt eine Gefahr für die Demokratie dar« (Bogost 2017). Das Netz ist keine »freie und offene« Demokratie; es ist das Spielfeld (und die Goldmine) einer überaus aggressiven Big-Tech-Branche.

Die vollständige Eliminierung der Netzneutralität kann zu Monopolisierung und einem Mangel an Wettbewerb führen, weil kleinere Unternehmen nicht mehr imstande sein werden, die Zugangsgebühren aufzubringen, die von den Internetdienstleistern (ISP) verlangt werden. Auch die freie Meinungsäußerung kann dadurch beeinträchtigt werden, dass von den großen Medienkonglomeraten bereitgestellter Inhalt bevorzugt wird, die in der Lage sind, für »Überholspuren« zu zahlen (Ammori 2014). Doch die kulturelle Fantasie von einem »freien Internet«, die Ian Bogost und andere bis in die Zeit der Gegenkultur und die Anfänge des Netzwerk-Computing zurückverfolgt haben, hat überlebt. In jüngerer Zeit hat es mehrere Versuche gegeben, der Öffentlichkeit diese komplexen technischen und rechtlichen Fragen nahezubringen (am erfolgreichsten waren dabei die viralen Clips von John Oliver, in denen er seine Zuschauer in den USA aufforderte, sich bei der Federal Communications Commission für die Beibehaltung der Netzneutralität einzusetzen).

Doch auch wenn die Bevölkerung allgemein über diese Entscheidungen informiert wird, kommen die Details der Vereinbarungen zwischen den Internetdienstleistern und den Content-Erstellern nur im Kontext juristischer Auseinandersetzungen ans Tageslicht. Die Komplexität und Undurchschaubarkeit der großen Debatten um die Zukunft der Internet- und

Telekommunikationsinfrastruktur wurde nicht zuletzt im Zusammenhang mit der Einführung des 5G-Netzes in den USA offenkundig. Die 5G-Technik, der Mobilfunkstandard der 5. Generation, verspricht eine Reduzierung der Latenzzeiten und eine massive Ausweitung der Geräte-Konnektivität im Zeitalter der Smart Homes, Smart Cities und des Internets der Dinge. Weltweit sollen bei Echtzeitübertragung bis zu 100 Milliarden Geräte gleichzeitig ansprechbar sei. Am 21. Februar 2019 brachte der damalige US-Präsident Trump auf Twitter seine Begeisterung über dieses neue Mobilfunknetz zum Ausdruck: »Ich möchte die 5G- und auch die 6G-Technik so schnell wie möglich für die Vereinigten Staaten. Sie ist wesentlich leistungsfähiger, schneller und smarter als der gegenwärtige Standard. Die amerikanischen Unternehmen müssen ihre Anstrengungen verstärken, um nicht abgehängt zu werden. Es gibt keinen Grund, weshalb wir hinterherhinken sollten« (zitiert in: Mattern 2019). Doch die Einführung des 5G-Netzes hat indes gleichzeitig vielfältige Befürchtungen ausgelöst, insbesondere vor Gesundheitsgefährdungen, weil in den USA zusätzlich 300.000 Mobilfunkantennen aufgestellt werden müssen und es an empirischen Forschungen über die Langzeitauswirkungen von hochfrequenter elektromagnetischer Strahlung mangelt (CBS News 2018; Russell 2018). Die Anthropologin Shannon Mattern warnte in ihrer jüngsten Kritik am 5G-Standard:

Die größte Sorge besteht darin, dass unsere technisch-utopischen 5G-Fantasien oder was manche Wissenschaftler als »infrastrukturelle Einbildungen« bezeichnen) –, die auf einem Fundament schneller, smarter, starker und überall verfügbarer Konnektivität beruhen – von unseren infrastrukturellen Realitäten gleichzeitig erschaffen und wieder zunichtegemacht werden. … In diesen abgelegenen und unprofitablen Märkten, die wohl kaum jemals Glasfaserkabeln oder 5G-Funktürmen begegnen werden, straft das *Fehlen* von Infrastruktur all die lange aufgeschobenen Träume von allgemeiner, verzögerungsfreier Konnektivität Lügen. Die 5G-Revolution, so sie jemals kommt, wird uns auf ungleichmäßige Weise erreichen und den »Fortschritt« erneut geographisch ungleich verteilen. (Mattern 2019, Hervorhebung im Original)

Matterns Analyse kann dazu beitragen, allzu optimistische Erwartungen an die 5G-Technik zu dämpfen, die beispielsweise Hans Vestberg, der Chef von Verizon, als die »vierte industrielle Revolution« rühmte, die »hundert Mal schneller ist als die gegenwärtige 4G-Technologie und die Latenzzeit auf wenige Millisekunden reduziert« (Mattern 2019). Da der 5G-Standard den Aufbau eines eng geknüpften Netzes von Basisstationen und die Herstellung (und Anschaffung) entsprechender Mobilgeräte erfordert, steht die Erfüllung dieser Hoffnungen noch aus.

Die Einführung der 5G-Technologie in China löste ein Wettrüsten aus, das die Spannungen mit der Trump-Administration verschärft hat. Unter Verweis auf Sicherheitsbedenken haben die USA ihre Verbündeten dazu gedrängt, Huawei den führenden chinesischen Telekommunikationsausrüster, nicht an der Entwicklung ihrer Computer und Telefonnetze der nächsten Generation zu beteiligen (Sanger et al. 2019). Wie das 5G-Beispiel zeigt, müssen bei allen Überlegungen über Geschwindigkeit und Konnektivität auch politische, globale und wirtschaftliche Faktoren berücksichtigt werden.

Versagen der Erinnerung: Pufferung und Gewohnheit

Wenn die Latenz von entscheidender Bedeutung für digitale Ökonomien ist, warum befassen sich die Nutzer und die Medienwissenschaftler so selten damit? Digitale Dämme wie Server, Puffer und begrenzte Bandbreite erinnern uns ständig an die prekäre Natur der digitalen Infrastrukturen, dennoch wird diese häufig verleugnet und vergessen. Eine genauere Betrachtung der Pufferung kann dazu beitragen, die Mechanismen und die Konturen der »habituellen neuen Medien« darzustellen (Chun 2016). Wie Chun darlegt, sind Gewohnheiten »etwas, das dadurch bestehen bleibt, dass es aus dem Bewusstsein verschwindet« (2016, x). Sie verfolgt das Entstehen von Gewohnheiten in der kritischen Theorie und in Medienuntersuchungen zurück:»Gewohnheiten haben sich von *habes* (haben) zu *addictio* entwickelt (verlieren – dem Gläubiger ausgeliefert). Gewohnheit ist heute eine Form von Abhängigkeit, ein Zustand der Schuld« (2016, 4). Das soll indes nicht heißen, dass gewohnheitsmäßiges Verhalten von vornherein als problematisch oder destruktiv zu verstehen ist. Vielmehr ist es von essentieller Bedeutung für Stabilität und Kreativität und hilft dabei, kognitive Anstrengungen zu minimieren. In Anlehnung an Bourdieu und Žižek erinnert Chun daran, dass die Frage der Gewohnheit nicht nur psychologischer Natur ist; sie ist vielmehr»Ideologie in Aktion« (2016, 7). Die Gewohnheit kann ein soziales Gleichgewicht herstellen, bei dem sich die Mitglieder einer bestimmten Gruppe an einer»sozialen Harmonie« erfreuen können, die sie von anderen unterscheidet (Bourdieu 1977, 78). In dieser Verknüpfung von Psychologie, Biologie und Ideologie bietet die Gewohnheit einen produktiven Zugang zur Untersuchung des Versagens.

Anders als Brechts Einführung der»Vierten Wand« im Theater, die als ästhetisches und ideologisches Mittel dient, ist die Pufferung zur Gewohnheit geworden und besitzt daher keine besondere Bedeutung mehr. Ihr ständiges Auftreten ist weder emotional bewegend noch physisch stimulierend; anstatt der analogen Zirkulation von Libido und Vergnügen, wie sie Lucas Hilderbrand in seiner Untersuchung der VHS-Kassette und deren »inhärenten Fehler« des Verfalls beschreibt (2009), vermittelt der Blick auf die permanente Drehung des GIF, das»geladen wird, den Nutzern häufig nur ein Gefühl der Hilflosigkeit und der Isolation und lässt sie frustriert zurück. Warum vergessen oder trivialisieren die meisten ihre vielfältigen Begegnungen mit der unsicheren Natur der Technologie so schnell? Wir versuchen einige Antworten zu geben auf die Frage nach dem selektiven digitalen Gedächtnis.

Zum einen werden die Pufferung und die Verzögerung häufig ignoriert, weil sie innerhalb eines größeren Rahmens der »Netz-Kontinuität« auftreten. Traditionell wird Kontinuität mit

dem kinematografischen Narrativ verbunden. Während der Film-
forscher David Bordwell (1985) untersuchte, wie Techniken in
klassischen Hollywoodfilmen die Illusion von Kontinuität erzeugen, wirft die Pufferung ein anderes Licht auf das fragmen-
tierte Publikum. Im Anschluss an Bordwells Theorie definiert
Alexander Galloway die »Netz-Kontinuität« als »eine Reihe von
Techniken, die von Webmastern eingesetzt werden und in ihrem
Zusammenwirken für die Zuschauer ein angenehmes, fließendes
Erlebnis erzeugen« (2004, 64). Die goldene Regel der Netz-Kontinuität ist klassisch und schlicht: Verberge die Quelle. Wie Galloway schreibt, »wird in klassischen Hollywoodfilmen der Apparat
absichtlich vom Bild getrennt, so wie der Produktionsprozess von
der Ware abgekoppelt wird. Obwohl Computer etwas völlig anderes sind, kommt hier eine ähnliche Logik zum Tragen« (2004, 65).
Ironischerweise mündet die ständige Notwendigkeit, die Quelle
nicht nur zu verheimlichen, sondern auch zu leugnen, dass es
eine solche materielle Quelle überhaupt gibt, in einer affektiven
Reaktion aus Angst und Hilflosigkeit. Der Wechsel von einem
stockungsfreien, kontinuierlichen Fluss bewegter Bilder zu einer
Endlosschleife des Laden-GIF legt die digitale Infrastruktur bloß
und zerstört die Illusion von Netz-Kontinuität.

Auch wenn wir vielleicht momenthaft frustriert und besorgt
sein mögen, wird die Illusion der Netz-Kontinuität wiederherge-
stellt, sobald sich der Stream fortsetzt. Um diesen dualen Prozess
aus Kenntnisnahme und Verleugnung zu verstehen, müssen wir
kurz auf die Ontologie der Gewohnheit eingehen. Während Chun
Gewohnheit mit der Kultur des »Upgrading« und dauerhafter
Krise in Verbindung bringt, signalisiert diese für Elizabeth Grosz
»ein Milieu oder eine Umgebung, die Lebewesen internalisieren
müssen, um komfortabel und mit minimalem Energieaufwand leben zu können« (2013, 218). Im Anschluss an die beiden franzö-
sischen Philosophen Félix Ravaisson-Mollien und Henri Bergson
vertritt Grosz die Auffassung, dass Gewohnheit »einen Zustand
oder ein Bündel von Wünschen im Bereich zwischen Aktivität
und Passivität hervorbringt, der die Energien beider Bereiche um-
kehrt und auf einen Mittelweg hin transformiert« (2013, 220).

Diese Beschreibung ist sehr hilfreich für die Untersuchung der Pufferung und der Unzufriedenheit, die sie hervorruft. Im Unterschied zu den notorischen Werbepausen im Fernsehen – bei denen sich die Zuschauer leicht ausrechnen können, wie lange sie dauern werden, und in dieser Zeit zu einem anderen Sender umschalten können – ist der beunruhigendste Aspekt der Pufferung *ihre unvorhersagbare Dauer.* Wir treten damit in einen Grenzbereich zwischen Passivität und Aktivität ein: Automatisch greifen wir nach der Computermaus oder führen die Hand an den Touchscreen, entweder um die Seite zu aktualisieren oder die plötzliche Leere mit etwas anderem zu füllen. Diese Reaktion entscheidet zwischen übermäßiger Aktivität und übermäßiger Passivität: Auf der einen Seite sind wir ruhelos und versuchen die Wartezeit zu nutzen, um unsere Produktivität zu erhöhen und gewissermaßen Abbitte zu leisten für die Sünde des gedankenlosen Glotzens, indem wir in dieser Pause so viel wie möglich zu erledigen versuchen (E-Mails schreiben, die Wettervorhersage studieren, Essen zubereiten). Auf der anderen Seite sind wir hilflos, ja, fast gelähmt. Wir sitzen auf dem Stuhl, starren auf die endlose Bewegung des Laden-GIFs und hoffen, dass das Puffern endlich aufhört und wir abermals eintauchen können in die Welt der Erzählungen und der Unterhaltung.

Da es sich hierbei um gewohnheitsmäßige Aktionen handelt, bringen diese keine neuen Erkenntnisse. Nach Grosz ist Gewohnheit »die Schaffung einer neuen körperlichen Existenzform, das Erlernen einer Möglichkeit der Vereinfachung von Handlungen, indem man selektiv die dafür erforderlichen Muskelanstrengungen durchführt, aber die begleitenden gedanklichen Aspekte verbirgt« (2013, 221). Unsere tief verwurzelten Annahmen in Bezug auf die Technologie – die Vorstellung einer digitalen Utopie, die jederzeit zugänglich ist und unsere individuellen Bedürfnisse befriedigt – werden durch unser habituelles Verhalten bestätigt. Wir haben eine Weile gewartet, aber jetzt können wir uns kaum mehr erinnern, warum oder wie lange dieser Zustand gedauert hat.

Der Verhaltensökonom Daniel Kahneman hat gezeigt, dass es einen bedeutsamen Unterschied gibt zwischen unserem

»erlebenden Selbst« und unserem »erinnernden Selbst«. Während ersteres rund drei Sekunden verweilt und spurlos wieder verschwindet, verändert das zweite die gesamte Geschichte, wichtige Momente darin und dessen Ausgang (Kahneman und Riis 2005). Diese Verhaltenstheorie ist von grundlegender Bedeutung für die Untersuchung der Pufferung – einer temporären Verzögerung, die gewöhnlich mit der Rückkehr zu stockungsfreiem Streaming endet. Wenn diese Phase abgeschlossen ist, neigt unser »erinnerndes Selbst« dazu, sie beiseite zu schieben – und erzeugt dadurch die »kognitive Illusion«, nie stattgefunden zu haben. Gestützt auf eine Reihe von Studien, kamen Kahneman und Riis zu dem Schluss, dass unser erinnerndes Selbst »anfällig für Irrtum« ist (2005, 285). Dies kann erklären, warum es den meisten Nutzern nicht möglich ist, einigermaßen genau anzugeben, *wann* die Pufferung aufgetreten ist und *wie lange* sie gedauert hat. Die beiden Psychologen Kahneman und Riis untersuchten, wie sich Menschen an Schmerzen erinnern oder einer Symphonie lauschen, und kamen dabei zu der Annahme, dass das menschliche Gehirn eine »Neigung zu Negativität« besitzt, sodass wir uns an intensive negative Erlebnisse besser erinnern als an positive (2005, 286). Die Pufferung kann als negatives Erlebnis bezeichnet werden, dessen Intensität aber aufgrund der habituellen Funktionsweise des Gehirns und insbesondere des schlussendlichen »Happyends« eliminiert wird.

In Fortführung dieses Gedankengangs vertreten wir die These, dass die Pufferung habituell bleibt und daher verhindert, dass sich neues Wissen über das Gerät herausbilden kann. Die Tatsache, dass die Pufferung habituell geworden ist, bedeutet indes nicht, dass sie keine Reaktionen mehr hervorruft. Unsere Begegnung mit der Pufferung manifestiert sich auf drei verschiedenen Ebenen: als temporärer emotionaler Stress, als Disruption, die unterschiedliche körperliche Reaktionen auslöst (den Bildschirm berühren, den bequemen Sitz verlassen, einen Mausklick tätigen etc.) und als dauerhafte und unerkannte affektive Reaktion einer »beständigen Angst« (Alexander 2017).

Unter Bezug auf unsere Diskussion zu Sara Ahmed in Kapitel 1 möchten wir die These formulieren, dass das Versagen als affektive Ökonomie funktioniert, wenn der Gedanke, den es hervorruft, umgehend durch eine andere, weniger beängstigende Idee ersetzt wird. So kann die Pufferung mit dem beruhigenden Gedanken verbunden werden:»Ich habe vergessen, den Router wieder anzuschließen« und/oder»Diese vorübergehende Störung wird bald vorbeigehen.« Verborgen bleibt dabei der Gedanke, dass Pufferung eine»beständige Angst« nach sich zieht, die ihrerseits der Welt eine bestimmte Bedeutungsstruktur offenbart: die Tatsache, dass wir uns immer stärker auf Maschinen und Infrastrukturen verlassen, die auf unvorhersehbare Weise funktionieren oder nicht richtig funktionieren. Der Einstufung der Pufferung als einer technischen Störung, die bald wieder verschwinden wird, liegt das von Ahmed beschriebene System von »Unterschied und Verdrängung« zugrunde.

Als Bestandteil der neoliberalen Versprechensmaschinerie ist die Pufferung ein bemerkenswertes Beispiel für das aufgeschobene Versprechen der Störungsfreiheit. Das Silicon Valley hat es geschafft, die Internetnutzer in den westlichen Ländern glauben zu lassen, dass sie Anspruch hätten auf einen störungsfreien Zugang zum digitalen Ökosystem. Doch das Versprechen unbegrenzter Konnektivität rund um die Welt muss erst noch eingelöst werden und wird deshalb immer wieder in die Zukunft verschoben.

Zusammenfassung

Die Pufferung ist ein hilfreicher Zugang zu den zahlreichen Sorgen und Befürchtungen, die mit unserer wachsenden Abhängigkeit von der Internet-Konnektivität verbunden sind: die neue»Ökonomie des Zugangs«, die auf der digitalen Spaltung zwischen geographischen Regionen, nationalen Grenzen sowie »Standard-« und »Premium«-Services beruht; der Verlust des gemeinschaftlichen Seherlebnisses infolge des Aufkommens des individualisierten, habituellen Konsums von Online-Inhalten, und schließlich das Entstehen einer affektiven Ökonomie auf der Grundlage von Angst, Hilflosigkeit und der konstanten

Verleugnung der »unerkennbaren« Natur sowohl unserer Technologie wie auch unserer Welt. Dennoch wird das digitale Rauschen manchmal eher als angenehm wahrgenommen denn als angsteinflößend. Das hängt damit zusammen, dass das Warten eine wichtige Rolle bei der Entwicklung von Nähe und Zugehörigkeit spielt. Die Erwartung ist häufig mit Hoffnung, Spannung und Imagination verbunden. Sie kann ersehnte Gelegenheiten zur Reflexion bieten oder einen Raum für emotionale und kognitive Kontemplation öffnen.

Diese Dualität hilft uns zu verstehen, warum das gewohnheitsmäßige Versagen wirkungslos bleibt. Weil wir unser habituelles Verhalten ständig ändern, erzeugt es kein neues Wissen, weder über unsere Welt noch über unsere Mittel und Werkzeuge. Die Verleugnung der Pufferung zeigt sich somit auf dreierlei Weise: Zum einen wird sie vergessen aufgrund der neuen habituellen Muster, die durch die wachsende Abhängigkeit von digitaler Technologie und von Mobilgeräten erzeugt werden. Zum zweiten wird sie systematisch heruntergespielt im Rahmen eines breiter angelegten Diskurses über »Solutionismus« und »technologischen Fetischismus« (Tierney 1993; Morozov 2013). Und drittens fungiert sie als aufgeschobenes Versprechen von Störungsfreiheit, wobei die Tatsache, dass die Einlösung immer wieder verhindert oder verschoben wird, paradoxerweise die Bindung an digitale Dienste und schnellere Netze verstärkt.

Dieses aufgeschobene Versprechen stützt ein System der Ungleichheit und der Informationsasymmetrie in ähnlicher Weise wie die derivative Form, mit der wir uns im nächsten Kapitel befassen. Um die Mythen von Immaterialität und störungsfreier Konnektivität zu entkräften, müssen wir die alltäglichen Momente habituellen Versagens in den Blick nehmen, denen wir begegnen wie »Rosinen in einem Pudding« (Nakamura 2009, 87): Sie treten überall und immer auf – aber niemals alle gleichzeitig.

Kapitel 4

ZU GROSS, UM ZU SCHEITERN: BANKEN, DERIVATE UND MARKTZUSAMMENBRÜCHE

Wenn die Pufferung ein Beispiel für habituelles Versagen ist, das keine Folgen nach sich zieht, kann uns eine kurze Analyse der Finanzkrise der Jahre 2007/08 helfen, Antworten auf die Frage zu finden, was geschieht, wenn das Versagen aus dem Bereich des Habituellen hinausgreift und das reale Leben von Millionen Menschen in verheerender Weise beeinträchtigt. In diesem Kapitel wollen wir anhand detaillierter Beispiele zeigen, wie die »Versprechensmaschine« funktioniert, die Angst, Unsicherheit und Unwissenheit verbindet und uns daran gewöhnt, systemisches Versagen als eine Verantwortung zu begreifen, die gewöhnliche Bürger mit den großen Spielern auf den Finanzmärkten teilen müssen.

Sowohl die habituelle Produktion von Schulden als auch das habituelle Ignorieren der Verärgerung und der Frustration, die durch die Pufferung hervorgerufen werden, spiegeln die Einstellung der Unternehmen wider, die sich darauf verlassen, dass die Nutzer solche Misslichkeiten schnell vergessen. Das Versprechen ist, dass das Versagen am Ende immer zu Aufschwüngen führt, die durch ein besseres Streaming-Erlebnis gekennzeichnet sein werden, durch mehr Güter und Dienstleistungen, die mit frischen Schulden erworben werden können, durch weniger Bankrotte, weniger Software-Zusammenbrüche und durch verbesserte Chancen, und dass Ängste von Zufriedenheit abgelöst werden in Bezug auf das Streaming und auch auf die persönlichen Finanzen. In beiden Fällen ist das Vergessen der unerfreulichen (kurzzeitigen) Vergangenheit der Schlüssel zu einer störungsfreien Zukunft der Unterhaltung und der Information oder vermehrter Kaufkraft. Darauf haben sich die Unternehmen im Finanz- wie im Digitalbereich spezialisiert, so dass das Versagen in der Vergangenheit, so nervenaufreibend es gewesen sein mag, als verzeihlich eingestuft und schnell vergessen wird. Gleichzeitig setzt man darauf, dass der versprochene Erfolg, der sich in der Zukunft einstellen wird, dauerhaft und immerwährend sein wird. Schulden sind für die Nutzer von Kreditkarten, für Kreditnehmer, Hypothekengläubiger und Inhaber von Versicherungspolicen gewissermaßen eine Art gepuffertes Finanzerlebnis, durch das ihnen beigebracht wird, den Stress des Wartens, der Unterbrechungen, der wiederkehrenden Abrechnungszyklen und der verzögerten Kreditzusagen zu vergessen oder beiseitezuschieben. In diesem Kapitel stützen wir uns auf eine frühere Arbeit von Appadurai (2016), in der die wachsende soziologische und anthropologische Literatur über das gegenwärtige Finanzwesen Berücksichtigung findet. Wir möchten aber auch darauf hinweisen, dass unseres Wissens bislang noch niemand den Versuch unternommen hat, das Versagen konzeptionell zu thematisieren und Parallelen zwischen der Wall Street und dem Silicon Valley herauszuarbeiten.

Um besser zu verstehen, wie dieses Vertrauen in Schulden von der Wall Street erzeugt und ausgenutzt wird, müssen wir den Crash von 2008 etwas eingehender betrachten. Die Finanzmärkte beruhen auf dreierlei Arten des Versagens, die ineinander verschachtelt sind. Da ist zum einen das Versagen im umgangssprachlichen Sinn, wobei der Finanzkollaps von 2007/08 als klassisches Beispiel für Marktversagen eingestuft wurde. Die zweite Art des Versagens ist unsere Unfähigkeit zu erkennen, dass wir als gewöhnliche Bürger die Blackbox der Finanzmärkte nicht durchschauen und es hinnehmen, dass wir als Sparer, Schuldner und Anleger darüber im Dunkeln gelassen wurden, wie auf den Finanzmärkten Gewinne erzielt werden. Das dritte Versagen, der heimtückischste Aspekt der Funktionsweise der Derivatemärkte, besteht aus nicht eingelösten Versprechen, deren Anhäufung und Ausmaß die Hypothekenkrise der Jahre 2007/08 auslöste.

Die systemische Schwäche des Finanzsystems, in dem Derivate eine wichtige Rolle spielen, besteht darin, dass es die *wiederholte Kommodifizierung früherer Versprechen durch neue Versprechen* zulässt. Dadurch werden dessen Auswirkungen auf viele Spieler (Händler) verteilt, die jeweils nur einen winzigen Teil der Last des größeren, miteinander verflochtenen Systems der Versprechen zu tragen haben, die den Gesamtwert eines Derivatemarktes darstellen. Dies eröffnet die systemische Option des Versagens und des Zusammenbruchs, auch wenn ein Großteil der einzelnen Geschäfte ihre jeweiligen Bedingungen erfüllen. In dieser Betrachtungsweise können die drei Arten des Versagens durch ihr Zusammenwirken die Krise von 2007/08 erklären, denn sie förderten und verstärkten sich gegenseitig.

Die Derivate

Wir vertreten die Auffassung, dass der Finanzmarkt-Kapitalismus (die Monetarisierung finanzieller Risiken, um neue und unerschöpfliche derivative Formen von Profit zu ermöglichen) ein zutiefst ungleiches System ist, das auf der strategischen und viel zu wenig erforschten Verteilung des Versagens beruht. Die Instrumente und Institutionen des globalen Finanzwesens stellen sicher, dass die Finanzelite ihre Gewinne durch die Akkumulation von Schulden durch die Mehrheit der Bevölkerung generieren kann. Zugleich kann sie, wenn ihre Aktivitäten in großem Stil scheitern, dieses Scheitern durch Rückgriff auf die Vermögenswerte der gewöhnlichen Steuerzahler wieder ausgleichen mit der Feststellung, ihre Institutionen seien »zu groß, um zu scheitern«. Wie konnte diese weitreichende Verlagerung der Verantwortlichkeit durchgesetzt werden? Was verbindet Schulden, Derivate und Versagen miteinander?

In einem früheren Buch über Finanzderivate von einem von uns wurde die Auffassung vertreten, dass das Versagen des Finanzsystems von 2007/08 in den USA in erster Linie sprachlicher Art war (Appadurai 2015). Dadurch soll nicht in Abrede gestellt werden, dass Gier, Unwissenheit, unzureichende Regulierung und unverantwortliches Eingehen von Risiken zu diesem Zusammenbruch beigetragen haben. Doch die neue Rolle der Sprache in den Märkten hat allen diesen deutlich erkennbaren Schwächen und Fehlern maßgeblich Vorschub geleistet. In diesem Zusammenhang müssen wir uns in vier Schritten damit befassen, wie die Sprache in der modernen Finanzwelt ein Eigenleben entwickelt hat. Dabei gelangen wir in einen Bereich, der bei der Auseinandersetzung mit den Finanzmärkten gewöhnlich unbeachtet bleibt. Zum einen zeigen wir, dass die Derivate die zentrale technische Innovation sind, die das heutige Finanzwesen prägt. Zum zweiten stellen wir heraus, dass Derivate im Wesentlichen schriftliche Kontrakte über den künftigen Preis von unterschiedlich gearteten, finanziellen Vermögenswerten sind. Dabei verpflichtet sich die Seite, die verliert, der Seite, die gewinnt, eine vereinbarte Summe Geldes zu zahlen, wenn sich am Ende ein bestimmter Preis herausgebildet hat. Ein Kontrakt ist somit ein Versprechen auf eine unsichere Zukunft. Um dies zu verdeutlichen, müssen wir sie einer näheren Betrachtung unterziehen. Dazu müssen wir das Werk von J. L. Austin (1975) über performative Aussagen und ihre Gelingensbedingungen noch einmal lesen. Vor dem Hintergrund unserer Definition des »Austinischen Versprechens« in Kapitel 1 fällt die spezielle Bedeutung der Sprache in den Finanzmärkten ins Auge. Im dritten Schritt wird aufgezeigt, wie sich die Derivate die linguistische Kraft des Kontrakts zunutze machen, unter der Prämisse, dass Geld per Definition die abstrakteste Form ist, in welcher der Wert einer Handelsware ausgedrückt werden kann. Im vierten und letzten Schritt geht es schließlich darum zu verstehen, dass es sich beim Versagen des Derivatemarktes (vor allem im Bereich der Hypothekenkredite) im Kern um nicht eingelöste Versprechen handelt, was die wichtigsten performativen Aussagen im Sinne von Austin sind. Diese Art von Versagen ist weder zufällig noch auf Einzelfälle beschränkt, sondern systematisch und ansteckend. Und genau dadurch hat sie den gesamten Finanzmarkt an den Rand des Abgrunds gebracht. Diese Fokussierung auf enttäuschte Versprechen haben wir bereits in unserer Einleitung angerissen und in Bezug auf die Technologie in Kapitel 3 näher untersucht.

Die gegenwärtige Phase des Finanzmarkt-Kapitalismus ist beispiellos hinsichtlich der Geschwindigkeit und des Ausmaßes von Innovationen, die sie prägen. In diesem Prozess werden Instrumente eingesetzt, welche die Funktion des Geldes bei der Gewährung von Krediten, bei Spekulation und Investition ausnutzen. Die historischen Wurzeln dieser Entwicklung liegen in der Epoche, in der sich der Seehandel ausweitete und Kaufleute, die ihre Handelsgüter über die Weltmeere verschifften, erstmalig die Idee entwickelten, sich gegen Risiken zu versichern. Obgleich es in dieser frühen Phase noch im Wesentlichen von Gott gesandte und natürliche Gefahren waren, die den Seehandel bedrohten, stellte das versicherungstechnische Denken in dieser Zeit den ersten Versuch dar, die Risiken und Gefahren auf dem Meer einer gewissen säkularen Kontrolle zu unterwerfen. Versicherer begannen, den Kaufleuten, die den Verlust ihrer Waren auf den Handelswegen befürchteten, verschiedene Schutzinstrumente anzubieten. Diese Überlegungen beruhten auf einer Mischung aus theologischen und statistischen Risikowahrnehmungen, in der statistisch berechenbare Risiken von gottgesandten und natürlichen Unwägbarkeiten abgegrenzt werden sollten, eine Unterscheidung, die zur Grundlage des modernen Finanzwesens wurde.

Die nächste große Veränderung, die die Machtposition der Finanzwirtschaft maßgeblich stärkte, vollzog sich auf den Rohstoffmärkten, insbesondere in Chicago, wo die Händler früh mit so genannten »Futures« zu handeln begannen. Das bezog sich zunächst auf Agrarprodukte (wie zum Beispiel Weizen und Schweinebäuche) und wurde schließlich auf sämtliche Rohstoffe ausgeweitet, die auf einem Markt mit unberechenbaren Preisschwankungen gehandelt werden. Begriffe wie »Put« und »Call«, »Option« und »Hedge« kamen Mitte des 18. Jahrhunderts in diesen Future-Märkten auf, die bis heute eine Rolle spielen, aber keine so große mehr wie in ihrer Entstehungszeit. Auf diesen Future-Märkten wurde der erste Schritt zur Trennung des

Marktes für künftige Preise von Rohstoffen des Markts gegenwärtiger Preise vollzogen. Diese Rohstoff-Futures sind die früheste Form von »Finanzwerten«, die sich von den tatsächlichen Rohstoffen unterscheiden, deren Preise ihnen zugrunde liegen. Die heutigen Derivate (dieser Begriff bezieht sich darauf, dass die künftigen Handelswaren gewissermaßen ableitbar sind von den gegenwärtigen) stellen eine umfassende Erweiterung dieser frühen Futures-Kontrakte dar.

Der Zusammenhang zwischen den Anfängen des Versicherungswesens und der Frühgeschichte der Future-Märkte besteht darin, dass jedes Risiko einer positiven Preisveränderung (was wir heute als Chancenpotential bezeichnen), das Händler zweifeln lässt, qua Versicherung ausgeschaltet werden kann. Dabei eröffnet man eine »Hedge«-Position, die jene Händler absichert, die befürchten, dass der Preis einer bestimmten Ware innerhalb einer bestimmten Zeitspanne sinken könnte. Dieser Hedge (Absicherung) ist im Grunde eine dynamische Form der Versicherung.

Das Derivat wiederum ist ein Anlagevermögen, dessen Wert auf einem anderen Wertgegenstand beruht, bei dem es sich ebenfalls um ein Derivat handeln kann. In einer Kette von Verbindungen, die das moderne Finanzwesen unendlich in die Länge gezogen hat, ist das Derivat in erster Linie ein linguistisches Phänomen, weil es auf etwas verweist, das greifbarer ist als es selbst: Es ist eine Vorstellung oder ein Glaube in Bezug auf ein anderes Objekt, das seinerseits auf vergleichbare Weise von einem anderen ähnlichen Objekt abgeleitet sein kann. Da die Verweise und Assoziationen, die eine Derivatekette ausmachen, allein dazu dienen, ihre Glaubwürdigkeit durch den Bezug auf etwas Greifbareres zu bekräftigen, ist der Anspruch des Derivats, einen Wert darzustellen, im Wesentlichen linguistischer Natur. Gleichwohl ist er nicht weniger real in seinen systemischen Auswirkungen. Seine Macht ist zudem in erster Linie performativ und im Wesentlichen mit einem Kontext, einer Konvention und einer Gelingensbedingung verbunden. Während es ein linguistisches Artefakt ist, lädt es zugleich zu einem performativen Akt ein, weil Derivate ihre ganze Kraft erst entfalten, wenn sie gehandelt werden – wenn also zwei Händler einen schriftlichen Vertrag schließen über den Tausch (Kauf und Verkauf) eines bestimmten Pakets von Derivaten. Das Versprechen besteht darin, dass eine der Parteien der anderen eine Geldzahlung leistet, je nachdem, wessen Einschätzung der Preisentwicklung dieses konkreten Derivats sich bewahrheitet hat (nach Ablauf eines bestimmten, festgelegten Zeitraums). In diesem Sinne enthalten Kontrakte grundsätzlich ein Element des Versprechens (Fried 1981). Das Derivat ist die einzige Vertragsform, die auf einem unbekannten künftigen Wert eines Vermögensgegenstands beruht, der zwischen zwei Personen gehandelt wird. Andere Kontrakte fußen auf bekannten Bedingungen und sowohl künftigen als auch gegenwärtigen Werten (wie etwa Darlehen, Mieten und andere geldbezogene Verträge). Wenn daher ein ganzes, von Derivaten getriebenes Marktsegment an den Rand des Zusammenbruchs gerät, muss ein grundlegender Fehler vorhanden sein in der derivativen linguistischen Welt.

Das Versprechen der Derivate

Die Verbindung zwischen Derivaten und Sprache dreht sich um das Versprechen, das wir in Anlehnung an Austin als performative Aussage bezeichnen oder als linguistische Äußerung, die, sofern sie unter den richtigen Voraussetzungen getätigt wird, die Bedingungen ihrer eigenen Wahrheit schafft. Elie Ayache, ein französischer Philosoph und Derivatehändler, hat darauf hingewiesen, dass Derivate als schriftliche Kontrakte zu betrachten sind (Ayache 2010). Ihm verdanken wir die Erkenntnis, dass Derivate am Ende aus dem Gefängnis der Wahrscheinlichkeiten ausbrechen und sich in konkreten Geschäften, die unter Echtzeitbedingungen durchgeführt werden, als schriftliche Verträge herausbilden. Ayaches Analyse zeigt, dass es beim Derivatehandel nicht darum geht, probabilistische oder statistische Methoden zur Vorhersage der Preisentwicklung zu nutzen, sondern dass es ein wesentlich zufälligerer, kontextabhängiger und qualitativer Prozess ist, durch den Händler Preise für Gegenstände finden, deren künftiger Wert ebenso unbekannt wie starken Schwankungen unterworfen ist. Die heutigen Derivate-Kontrakte sind wie alle modernen Verträge idealerweise in schriftlicher Form abgefasst. Ihre Wirksamkeit erwächst aus der Tatsache, dass sie aus einem aufeinander bezogenen Paar von Versprechen bestehen, laut dem die eine oder die andere Seite am Ende der vereinbarten Laufzeit Geld zu zahlen hat in Abhängigkeit vom Preis des Derivats zu diesem in der Zukunft liegenden Zeitpunkt. Dieses wechselseitig bindende Versprechen wird ursprünglich mündlich abgegeben und nur gelegentlich zur Bestätigung und zum Zweck der Nachverfolgung und Dokumentation schriftlich festgehalten. Ein Derivategeschäft ist vollzogen, wenn es die beiden Händler, häufig am Telefon, durch eine Abschlussformel wie etwa»Abgemacht« bestätigen (Wosnitzer 2014). Das ist ein klassischer performativer Moment im Sinne von Austin.

Damit dieses wechselseitige Versprechen Wirkungskraft erlangen kann, ist es aus austinischer Sicht zum einen erforderlich, dass beide Händler wissen, dass die Institutionen, denen sie angehören, imstande sind, das Abwärtsrisiko abzudecken. Zum anderen bedarf es eines umfassenden sozialen Netzwerks aus Managern, Regulierern, Kleinaktionären und Großinvestoren, das für die Transaktion (wenn auch nur virtuell) ein adäquates Publikum bildet. Diese Akteure kooperieren bei der systemischen Verbreitung eines vertraglichen Versprechens in einer Art performativer Kette (Appadurai 2015). Anders gesagt, wenn die vertragsrechtliche Natur des Versprechens von unbegrenzter weiterer Monetarisierung abhängig ist, können neue Risiken auf bereits bestehende Risiken aufgenommen werden. So kann man Geld verdienen durch den Einsatz spekulativer Instrumente, ebenfalls oft Derivate, bei denen der Abstand zwischen den Derivaten und den ihnen zugrundeliegenden Vermögenswerten wächst. Diese rekurrierende Kette von Derivaten ist das Kernelement der Welt der Subprime-Hypotheken.

Solange die Häuserpreise stiegen (scheinbar unendlich), beruhte das Wachstum des Marktes für Hypothekenderivate, bei denen eine größere Zahl individueller Hypotheken gebündelt wird, auf einem noch relativ vernünftigen Verhältnis zwischen dem Wert der Immobilien und dem der Immobilienderivate, was ein fortgesetztes exponentielles Wachstum dieses Marktes zu ermöglichen schien. Anders gesagt, das Verhältnis zwischen dem Wert der Immobilien und dem der Derivate, die auf Hypotheken beruhten, konnte als systemischer Schutz gegen das kollektive Risiko betrachtet werden. Doch der Immobilienmarkt kollabierte schließlich unvermeidlich, und die Inhaber von Immobilienderivaten fanden keine Käufer mehr, wodurch ihre Liquidität eingefroren wurde und die Versprechensmaschine knirschend zum Stehen kam.

Das einzelne Versprechen, das in einer langen Versprechenskette abgegeben und durch den Handel mit Immobilienderivaten repräsentiert wurde, war dabei noch einigermaßen valide. Doch schließlich konnte das Gesamtsystem die Last nicht mehr schultern und wurde irreparabel überlastet. Dieser Bruch hängt zum Teil mit dem schieren Volumen zusammen, dem Entstehen gewaltiger, sich überschneidender Versprechensketten, deren einzelne Glieder schwächer werden mussten, je weiter sich die Ketten ausdehnten. Das Risiko jedes Gliedes in der Versprechenskette wurde immer größer, je mehr der Abstand vom zugrundeliegenden Vermögenswert und die Differenz zwischen dem echten Wert des zugrundeliegenden Immobilienbestands und dem zugehörigen Derivatesystem zunahm. Auf dem amerikanischen Hypothekenmarkt versuchten die Händler, ihre toxischen Derivate möglichst schnell an den nächsten Käufer loszuschlagen, als sich 2007 abzeichnete, dass der Immobilienmarkt unweigerlich früher oder später einbrechen würde. Am Ende der Kette stand der Versicherungsgigant AIG, der einen enormen Bestand an toxischen Derivaten besaß.

Nach gängiger Meinung, die in den Medien, in zahllosen Büchern und Artikeln von Brancheninsidern, Regulierern, Analysten und Wissenschaftlern verbreitet wurde, waren leichtfertige

Kreditnehmer, gierige Händler, in das System eingebundene Rating-Agenturen und unzureichende Regulierung für den Zusammenbruch verantwortlich. All dies trug gewiss dazu bei. Doch der Hauptfaktor für den Zusammenbruch des Marktes für Immobilienderivate – und damit der Finanzmärkte im Allgemeinen – waren die Derivate. Schließlich beruhen sie darauf, dass Risiko auf Risiko gehäuft wird und es dadurch zu einer unabhängigen Profitquelle wird, die nur über eine schwache Grundlage in der realen Produktion und Preisentwicklung und den Rohstoffströmen verfügt. In einer Welt derivativer Vermögenswerte erzeugt Geld weiteres Geld, wenn Risiken durch Verbriefung gekauft und verkauft und Schulden gebündelt, umgepackt und verkauft werden, immer wieder aufs Neue. Diese Dynamik befreit das Geld fast vollständig von Marx' berühmter Formel G-W-G (Geld – Waren – Geld) und ermöglicht es ihm, sich wie durch Zauberhand aus sich selbst heraus zu vermehren durch risikobasierten Handel mit Krediten. Um diese Entwicklung zu verstehen, müssen wir einen Blick auf die Geldform werfen, historisch die abstrakteste Art, wie Menschen Wert und Preis berechnet haben. Im Fall des Silicon Valley, das wir in den vorhergehenden Kapiteln behandelt haben, spiegelt sich dieser Prozess der Gelderzeugung aus Geld, ohne dass größere Veränderungen in der Produktion und bei den Herstellungstechnologien notwendig wären, in den enormen Investitionen, die in vielversprechende Startup-Unternehmen gesteckt werden, in den gewaltigen Summen, mit denen Unternehmen solche junge Firmen aufkaufen, und in den astronomischen Bewertungen ihrer künftigen potenziellen und möglichen Gewinne. Dies bedeutet nicht, wie wir bereits an anderer Stelle ausgeführt haben, dass das Silicon Valley und die Wall Street die Entkopplung von Preis und Wert auf dieselbe Weise umsetzen, weil Investitionen in Firmengründungen und technologische Einhorn-Startups anders funktionieren als die Bündelung von Hypotheken, forderungsbesicherte Wertpapiere und komplexe derivative Finanzinstrumente. Gleichwohl teilen beide Formen der Monetarisierung den Glauben an die Berechenbarkeit der künftigen Entwicklung finanzieller Vermögenswerte.

Dies fördert und unterstützt eine Ökonomie des Wartens, die wir in Kapitel 3 untersucht haben. Das Warten ist gewissermaßen das verbindende Element zwischen der Erfahrung des Technik- und der des Marktversagens: das Warten auf Kreditzusagen, das Warten auf die Lücke zwischen dem Empfang des Kredits und dem Beginn der Zinszahlungen oder darauf, dass das Hochladen zum Abschluss kommt.

Warten und Schlangestehen gelten allgemein als Erscheinungs- formen von Unterordnung und Ungleichheit (Tawil-Souri 2017). Somit werden wir als Betrachter wie als Schuldner von der Wall Street und dem Silicon Valley darauf trainiert, auf die nächste Belohnung zu warten sowie die endlose Wiederholung frustrie- render Pufferungszeiten zu verzeihen und zu vergessen. In der Ökonomie des Risikos ist das Warten weit mehr als Langweile und Zeitverschwendung, die Verbindung aus Warten und Angst kann Menschen dazu veranlassen, verzweifelte Entscheidungen zu treffen oder in einem dauerhaften »Überlebensmodus« zu verharren, der sie verwundbarer macht gegen unterschiedliche Formen der Ausbeutung.

Wie erwähnt, war die Unabhängigkeit von der Preisent- wicklung bereits in den Terminmärkten angelegt, die sich Mitte 19. Jahrhunderts herausbildeten, als es möglich wurde, Wetten auf künftige Warenpreise abzuschließen, ohne die Erzeugnisse erwerben oder nutzen zu müssen, mit denen man handelte. Die modernen Derivate trennen diese Wette auf künftige Preise von den individuellen Risikopräferenzen, von den Schwankungen und der historischen Entwicklung der Preise für das jeweilige Erzeugnis. An dieser Stelle entpuppt sich die derivative Form als rein linguistisches Phänomen, das wir bereits als ein *agonistisches Versprechen* definiert haben, ein Versprechen der Gegenseite, eine Geldleistung zu erbringen, wenn sie falsch liegt und man selbst den künftigen Preis der Ware richtig eingeschätzt hat.

Wie in der Einleitung bereits ausgeführt, setzt ein agonisti- sches im Unterschied zu einem austinischen Versprechen voraus, dass beide Parteien gleichzeitig und exklusiv in Aussicht stellen, sich gegenseitig Geld zu bezahlen. Auf diese Weise unterliegen beide Versprechen denselben Gelingensbedingungen, obwohl nur eine der beiden Seiten am Ende der vereinbarten Laufzeit des Kontrakts einen Gewinn erzielen kann. Das zweite Grundmerkmal dieser Art von agonistischem Versprechen besteht darin, dass es auf der unbegrenzten Handelbarkeit eines spezifischen Pakets von Vermögenswerten beruht (solche Pakete werden häufig als Wertpapiere bezeichnet), was dem endlosen Geldkreislauf ähnelt.

Das Versagen – oder der Zusammenbruch – erfolgt, wenn die systemweiten Beziehungen zwischen Käufern und Verkäufern dieser Vermögenswerte (die messbar sind über den Geldwert des Derivatemarkts zu einem konkreten Zeitpunkt) gestört werden, weil es keine Käufer mehr gibt für die große Zahl dieser Instrumente. Dadurch entsteht ein gigantischer Schuldenberg, und es mangelt an Käufern, die den Risikoberg abtragen, der sich auf dem Derivatemarkt aufgebaut hat.

Dieser Punkt wurde im Jahr 2008 erreicht, an dem sich der Staat gezwungen sah, einzugreifen und große Mengen dieser toxischen Instrumente aufzukaufen, um den Finanzmärkten einen Neustart zu ermöglichen, indem er frische Liquidität bereitstellte, als niemand anderes mehr dazu bereit oder in der Lage war. In dieser Situation kann die sich stetig beschleunigende und verlängernde Kette performativer Äußerungen (»Versprechen«) nicht mehr weiterwachsen. Niemand kann mehr die Gelingensbedingungen erfüllen, um neue agonistische Versprechen abzugeben, und die Lage droht außer Kontrolle zu geraten. Oder es kommt eine Rückwärts- und Abwärtsentwicklung in Gang, welche die Brüchigkeit vieler der Versprechen offenlegt, die im Zuge des Aufbaus der Kette abgegeben wurden. Anders gesagt, was 2008 zusammenbrach, war ein Kartenhaus aus Worten beziehungsweise Kontrakten, wobei jeder Kontrakt ein agonistisches Paar von Versprechen darstellte, die zusammen eine performative Kette bildeten. Als die Märkte kollabierten, brach die Architektur von Versprechen zusammen, auf denen im Zeitalter der derivativen Form finanzielle Gewinne beruhen. Im Silicon Valley war im vergangenen Jahrzehnt und in der Internetblase zur Jahrhundertwende der Schlüssel zur spekulativen Risikoaufnahme, insbesondere durch Startup-Finanziers, die Wette auf neue Technologien, und zwar in der Regel nicht in Bezug auf ihre materiellen oder physischen Möglichkeiten, sondern auf ihr Potenzial, eine große Zahl von Gebührenzahlern anzulocken oder hohe Werbeerlöse zu generieren. Im Fall der Wall Street dreht sich die Versprechensmaschine um die künftigen Preise von derivativen Vermögenswerten, während im Silicon Valley auf das Potenzial neuer Technologien gewettet wird, entweder eine große Zahl von Endnutzern zu gewinnen oder eine relativ kleine Zahl von zahlenden Abonnenten.

Schulden und Marktversagen

In Kapitel 3 haben wir gezeigt, wie Technologieunternehmen die Latenzzeiten und das Warten monetarisieren konnten. Ähnliches könnte man in Bezug auf die Wall Street sagen. Das Versagen, so unsere These, ist von der Wall Street durch die Erzeugung von Schulden in eine Handelsware umgewandelt worden. Ähnlich wie die Pufferung paradoxerweise unsere Abhängigkeit von den Geräten verstärkt, stützt auch das Marktversagen unsere »schmerzhafte Bindung« an die kapitalistische Logik wie an die dauerhaften Krisenzustände (Brown 1995).

Wie wir in jüngster Zeit erlebten, besteht eine der Hauptbedrohungen der internationalen Ordnung in den Schwankungen der globalen Finanzmärkte. Der heutige Kapitalismus ist so allumfassend und omnipräsent wie noch niemals zuvor. In seinen Kernländern, insbesondere den Vereinigten Staaten von Amerika, wird er heute in hohem Maße von den Finanzmärkten bestimmt. Das Finanzwesen reicht mittlerweile weit hinaus über die Sphäre der Produktion und der Fertigung industrieller Güter. Seit Beginn der siebziger Jahre hat sich in rascher Folge eine Vielzahl von Finanzinstrumenten entwickelt, insbesondere die Derivate, die man sich zu Zeiten von Karl Marx kaum vorstellen konnte. Der Durchbruch zu diesem explosiven Wachstum der Finanzwirtschaft erfolgte durch die Idee, dass auch das Risiko monetarisiert werden kann, was eine kleine Gruppe von Akteuren in die Lage versetzte, Risiken auf Risiken aufzunehmen. Das ist der Kern der Logik der Derivate, mittels der Finanztechniker und Manager nahezu sämtliche Bereiche unseres täglichen Lebens der Monetarisierung unterwerfen konnten. Auf diese Weise wurde das Wohnungswesen in eine Maschinerie zur Monetarisierung von Hypotheken umgewandelt, die Umwelt wurde durch den Handel mit CO_2-Zertifikaten und viele weitere Derivate monetarisiert, das Bildungswesen wurde durch ausgeklügelte Methoden der Studiendarlehen neu ausgerichtet und der Gesundheitsbereich inklusive der Krankenversicherung wurde von Risikomodellen, Arbitragegeschäften und Wetten auf die Zukunft durchdrungen. Kurz gesagt, das Alltagsleben ist eng mit dem Kapital verbunden, weniger über den Mehrwert, der durch Arbeit geschaffen wird, sondern dadurch, dass wir alle zu Risikoträgern gemacht werden, deren gesammelte Risiken endlos kombiniert und wieder neu zusammengestellt werden können, um neue Formen der Gewinnerzielung durch die Finanzindustrie zu ermöglichen. Während Derivate eine schier unendliche Distanz herstellen zwischen Handelswaren (traditioneller Art) und Finanzwerten, entwickelt sich das Versagen zu einer Art Meta-Handelsware, die ebenfalls Wert schafft, aber nicht durch Nützlichkeit, Nachfrage und Angebot, sondern indem sie sicherstellt, dass gewöhnliche Schuldner weiterhin an die Kreditmaschine glauben, obwohl diese immer wieder ins Stottern gerät. Wir sind heute alle Arbeiter, unabhängig davon, was wir tun, insoweit unser wichtigster Daseinszweck darin besteht, dass wir Schulden aufnehmen und dadurch gezwungen werden, die Risiken der Gesundheit, der Sicherheit, der Bildung, des Wohnens und vieler anderer Dinge in unserem Leben zu monetarisieren. Diese Tätigkeit der Schulderzeugung ist unvereinbar mit der Normalisierung des Versagens, und zwar auf mehreren Ebenen. Zum einen müssen wir unser regelmäßiges Scheitern bei dem Versuch, mit den uns zur Verfügung stehenden Mitteln auszukommen, annehmen und verinnerlichen und daher Schulden als natürliche Tatsache betrachten. Zum zweiten müssen wir akzeptieren, dass einer von uns bankrottgehen wird und dies der hinzunehmende

Baustein eines größeren Plans ist. Drittens lernen wir zu akzeptieren, dass auch manche Banken, Hedgefonds und Finanzeinrichtungen scheitern werden und sich dadurch die Träume und Hoffnungen all jener zerschlagen, die bei ihnen Geld angelegt haben. Und schließlich lernen wir zu akzeptieren, dass das Risiko und die gelebte Erfahrung des Scheiterns der Preis ist für den unvermeidlich in die Zukunft hinausgeschobenen Eintritt in eine Welt des Wohlstands, der Sicherheit und der Glückseligkeit. Die globale Ausbreitung der kapitalistischen Gedankenwelt wurde in keiner Weise aufgehalten oder beeinträchtigt. Banken, Hedgefonds und Versicherungsunternehmen drängen aggressiv in neue Märkte und versuchen, gesetzliche Regelungen dafür durchzusetzen, dass sie dieselben unbeschränkten Schuldenmärkte, aus denen sie ihre Gewinne bezogen haben, in die Länder des Globalen Südens ausdehnen dürfen. Daher ist es nur eine Frage der Zeit, bis auch die Länder des Globalen Südens der Volatilität, Undurchschaubarkeit und Außergesetzlichkeit der sich auf Derivate stützenden Finanzmärkte des Nordens ausgeliefert sein werden. Wie James Baldwin einmal in einem anderen Zusammenhang bemerkte: »Kein Wasser mehr, das nächste Mal kommt das Feuer«. Um diesen gefährlichen Prozess besser zu verstehen, wollen wir einige wichtige marxistische Ideen ins Gedächtnis rufen.

Marx' zentrale Erkenntnis über die Funktionsweise des Industriekapitalismus (die er 1887 in den drei Bänden seines *Kapitals* darlegte) war die Unterscheidung zwischen absolutem und relativem Mehrwert. Vereinfacht gesagt, absoluter Mehrwert entsteht durch eine Vergrößerung des Faktors Arbeit, den eine Firma zur Herstellung von Waren einsetzen kann, entweder durch eine Vermehrung der Arbeitskräfte oder eine Verlängerung der Arbeitszeit. Relativer Mehrwert hingegen wird durch Verbesserungen der Technik, der Arbeitsplatzorganisation oder anderer Mittel geschaffen, die die Arbeitsproduktivität steigern, ohne dass zusätzliche Arbeitskräfte eingestellt werden müssen oder mehr Geld für die Arbeitszeit bezahlt wird. So kann ein Unternehmen mit anderen Firmen konkurrieren, die dieselbe Ware herstellen. Der

Schlüssel zur Aneignung des relativen Mehrwerts besteht darin, mit einer bestimmten Größe des Faktors Arbeit mehr Gewinn zu erwirtschaften, ohne die Löhne zu erhöhen. Der Unterschied war der Profit in den Händen der Kapitalisten.

Der heutige Finanzkapitalismus funktioniert nicht in erster Linie durch die Erzielung von Profiten in der Warensphäre, wenngleich ein Teil der kapitalistischen Ökonomie nach wie vor in diesem Bereich operiert. Doch der weitaus größere Teil erwirtschaftet seine Gewinne durch die Monetarisierung des Risikos, und dieses wird den Finanzmärkten durch Schulden in vielfältigsten Formen zugänglich gemacht. Wir alle, die wir in einer von den Finanzmärkten bestimmten Wirtschaft leben, erzeugen Schulden in unterschiedlichen Formen: Konsumentenschulden, Hypothekenkredite, Ausstände bei Krankenversicherungen und so weiter. Auch kapitalistische Unternehmen operieren über Schulden (weil die Aufnahme von Geld auf den Kapitalmärkten für Großunternehmen mittlerweile wesentlich wichtiger ist als die Ausgabe von Anteilen oder »Aktienkapital«).

Das bedeutet, dass der Schlüssel zur Transformation der gegenwärtigen Form des Finanzkapitalismus darin besteht, die Mittel zur Produktion von Schulden zu beschlagnahmen und zu enteignen, im Interesse der großen Gruppe von Schuldenproduzenten und zu Lasten der kleinen Klasse von Schuldenmanipulateuren. Nicht die Schulden an sich sind schlecht, schließlich ermöglichen sie uns, zukünftige Werte in die Gegenwart zu verlagern. Die Herausforderung besteht vielmehr darin, jene Profite zu sozialisieren und zu demokratisieren, die durch die Monetarisierung von Schulden erzielt werden, damit jene von uns, die Schulden produzieren, ebenfalls zu Nutznießern dessen werden können.

Das Problem besteht darin, dass diejenigen, die über ihre Arbeitskraft abschöpfbaren Schuldenwert schaffen, lokal gebunden sind, während die globalen Finanzmärkte, die Netzwerke und die Unternehmen global aufgestellt sind. Anders gesagt: *Schulden sind lokal, alle Schuldenmärkte dagegen sind global.* Denken wir diesen Satz weiter, können wir den Slogan, dass manche Banken »too big to fail« seien, besser verstehen.

Die Vorstellung, dass die großen Banken, die für den Hypothekencrash der Jahre 2007/08 verantwortlich waren, zu groß waren, um unterzugehen, führt zur Frage der zeitlichen Dimension
sowie des Ernstfalls in den herrschenden finanziellen Diskursen
der Gegenwart. Oft wird innerhalb wie außerhalb des Finanzwesens die Auffassung vertreten, dass Großbanken aufgespalten
oder reorganisiert werden sollten, *aber noch nicht jetzt.* Das ist ein
besonders schmerzliches Paradoxon, denn gerade in Momenten
der Krise kommt die Profitgier der Banken zum Vorschein, ihre
Bereitschaft, mit dem Geld anderer Leute Risiken einzugehen,
ihre Gleichgültigkeit gegenüber Regulierung und ihr unbegrün-
deter Glaube an die Wichtigkeit ihres Tuns für den Kapitalismus
als Ganzes. Und genau in dieser Situation erklären sie, dass sie
nicht reformiert, eingeschränkt oder reguliert werden können.
Ansonsten würden wir in den Abgrund stürzen, aus dem es kein
Entrinnen geben würde.

Das »Jetzt« der Reform und der Regulierung wird mithin auf
ein ewiges »Später« verschoben, das niemals kommt, denn der
habituelle Zyklus aus Schulden, Zinsen, Risiko, Profit und ge-
brochenen Versprechen etabliert sich immer wieder aufs Neue,
nachdem ein paar schwache Banken geopfert wurden und einige
der besonders gierigen Akteure milde Strafen erhielten. Die Versprechensmaschine der derivatezentrierten Märkte wurde nach
2008 wieder mehr oder weniger vollständig in Gang gesetzt, und
schon ein Jahrzehnt später erzielten die größten Banken, Hedgefonds und Mega-Investoren obszönere Profite denn je.

Der Gedanke, dass einige der größten Banken, die für den
beinah vollständigen Zusammenbruch der US-amerikanischen
Wirtschaft 2007/08 verantwortlich waren, »too big to fail« seien,
wurzelte in dem Zirkelschluss, dass von Banken erzeugte Kredite
der Treibstoff für den fortgeschrittenen Kapitalismus seien und
jeder Versuch, diese Banken aufzulösen oder zu zerschlagen, den
Strom dieser lebenserhaltenden Substanz beeinträchtigen würde.
Diese Sichtweise, die von den Großbanken vertreten und von
Regulatoren, Politikern und Entscheidungsträgern gestützt wurde, führte zu einer massiven Umwidmung öffentlicher Gelder für

die Rettung dieser Banken, namentlich zu dem Programm TARP (Troubled Asset Relief Program) in den USA und zur Schaffung des Europäischen Finanzaufsichtssystems (EFSF) in der EU und von weiteren Einrichtungen. Diese Rettungsmaßnahmen sicherten 2008 das Überleben der betroffenen Banken und ermöglichten die Fortsetzung und Ausweitung ihrer riskanten Praktiken in der Gegenwart und Zukunft.

Es gibt einen unmittelbaren Zusammenhang zwischen Konsumentenschulden (erzeugt durch Kreditkarten, Autokredite, Immobilienhypotheken, Studiendarlehen, Versicherungspolicen) und dem globalen Derivatemarkt. Hier kommen große Zahlen ins Spiel: Im Januar 2018 betrug die globale Gesamtverschuldung 233 Billionen Dollar, davon waren 68 Billionen Dollar Schulden von nicht-finanzbezogenen Unternehmen, 63 Billionen waren Staatsschulden, 58 Billionen entfielen auf Finanzinstitute, und die Schulden der privaten Haushalte beliefen sich auf 44 Billionen Dollar (Chu 2018).

Übersetzen wir diese gewaltigen Zahlen in Alltagssprache. Die Haushaltsschulden auf der Welt (Kredite unterschiedlicher Art für Konsum, Haushalte, Hypotheken, Versicherungen etc.) machen anscheinend rund 12 Prozent der Gesamtschulden der Welt aus. Doch diese Zahl ist irreführend, denn auch Staaten, Unternehmen und Finanzinstitute sind abhängig von Investitionen und Zahlungen der Öffentlichkeit (von Steuerzahlern, Inhabern von Anleihen und großen wie kleinen Investoren). In diesem Sinne sind alle Schulden Konsumentenschulden. Aber nehmen wir der Einfachheit halber an, dass 12 Prozent der Schulden der Welt unmittelbar durch die Darlehensaufnahme von Konsumenten erzeugt werden und der Rest durch indirekte Abgaben der Konsumenten jeglicher Vermögensklassen.

Da alle Derivate auf Schulden unterschiedlicher Art beruhen, können wir die Verbindung ziehen zwischen Schulden, Derivaten und Großbanken. Sehr anschaulich wurde diese Verbindung beschrieben in einem Artikel eines angesehenen amerikanischen Unternehmensanalysten aus dem Jahr 2016:

Anders als Standardkredite und Aktienanlagen, die das Wachstum der Wirtschaft fördern, sind Derivate ein Nullsummenspiel. Es ist wie im Casino, einer muss verlieren, damit ein anderer gewinnen kann. *Derivate sind ein Mittel des Vermögenstransfers vom uninformierten, arglosen Investor, Sparer oder Rentner zu den informierten Marktinsidern.* Auch wenn Banken Verluste durch Derivate vermeiden können, die Anleger werden bluten müssen.

Derivate sind eine Erklärung dafür, warum so viele Amerikaner nach dem Crash von 2008/09 Werteinbußen bei ihren Immobilien, ihren Pensionskonten und Lebensversicherungen erlitten haben. Die Medien berichteten, dass durch diesen Abschwung mehr als 5 Billionen Dollar im Markt verschwunden seien. Doch das Geld ist nicht verschwunden – das würde den Gesetzen der Physik widersprechen. Es ist nur von den Massen zu den Wenigen transferiert worden. Wenn das noch einmal geschieht, könnte es zu erheblichen Unruhen kommen, die den globalen Finanzmärkten für lange Zeit beträchtlichen Schaden zufügen würden. Wenn der potentielle Schaden so groß sein könnte, ist eine gewisse Regulierung erforderlich, um die Main Street vor den gefährlichen Zockerinstrumenten der Wall Street zu schützen. (Jones 2016, Kursivierung ergänzt)

Diese überzeugende Analyse illustriert die Beziehung zwischen unserem garantierten Scheitern als Schuldner und dem garantierten Erfolg der »Wenigen«. Sie lenkt zudem unsere Aufmerksamkeit auf die Informationsasymmetrie, die sowohl unsere Beziehung zu den Finanzmärkten als auch zu den »Blackbox«-Technologien prägt. »Too big to fail« lässt sich übersetzen in die Aussage, dass niemand zu *klein* ist, um zu scheitern, denn die Schuldner erleben zwangsläufig ihren persönlichen wirtschaftlichen Zusammenbruch (nicht mehr rückzahlbare Konsumentenkredite, belastende Studiendarlehen, nicht mehr bedienbare Versicherungspolicen, explodierende Zweithypotheken, bankrotte Pensionsfonds), so dass die großen Spieler auf dem Finanzmarkt in den Banken, bei den Pensionsfonds und anderen mit starken

Hebeln arbeitenden Finanzinstitutionen weiterhin »too big to fail« bleiben können. Der gewöhnliche Bürger, der alltägliche Produzent von Schulden ist daher auf den Finanzmärkten systematisch dazu verurteilt, von einer kleinen Finanzelite ausgenommen zu werden. Das ist *garantiertes Scheitern*, dessen ständige Wiederholung routinemäßig als Hauptbedingung des Erfolgs auf dem globalen Finanzmarkt dargestellt wird.

Zusammenfassung

Wir haben dieses Kapitel mit dem Hinweis begonnen, dass der Finanzkrise von 2007/08 der Hypothekencrash zugrunde lag, der wiederum auf dem Zusammenbruch der enttäuschten Versprechen des Derivatemarkts beruhte. Anschließend haben wir herausgearbeitet, dass jene Form der Produktion, deren Wertschöpfung von den Finanzeliten vereinnahmt und ausgebeutet wird, die Produktion von Schulden durch die Konsumenten ist. Diese Erzeugung von Konsumentenschulden untermauert die Mega-Schulden der Staaten, der Banken und anderer Unternehmen. Der Erfolg des Derivatemarkts hängt ab von einer beständigen Zunahme der Konsumentenschulden, und wenn diese performative Kette der Versprechen reißt, was unausweichlich passiert, sind die Konsumenten und die Steuerzahler aufgerufen, jenen, die nicht scheitern *können* (weil sie zu groß sind), zu versichern, dass sie nicht scheitern *werden* und die Kosten ihres Versagens an den Anfang der Kette weitergereicht werden kann: an die Steuerzahler und die Konsumenten, was in nicht mehr bedienbare Kredite und Hypotheken mündet. Dieser Konsumentenschuldner wird in einen dauerhaften Beta-Tester für das Silicon Valley verwandelt, wie wir in Kapitel 2 erläutert haben, wo wir Obsoleszenz und Innovation als die Haupttriebkräfte des technologischen Wandels dargestellt haben.

Marktversagen wird oft als unvermeidliches und unregelmäßig auftretendes Ergebnis exzessiver Spekulation, unzureichender Regulierung oder skrupelloser Banker bezeichnet. Nur selten betrachtet man als systemisches Merkmal die Verbindung der Märkte mit Aspekten unseres gesellschaftlichen und technologischen Lebens im fortgeschrittenen Kapitalismus. Das habituelle Versagen, das mit den Konsumentenschulden verbunden ist (wie etwa zweifelhafte Kredite, unangemessene Zinszahlungen und das Streben nach mehr und immer neuen Gütern), ist die Grundlage für diese gigantischen globalen Risikomärkte, in denen die Versprechensmaschine unsere kleinen Risiken in große Risiken der Finanzindustrie umwandelt. Die großen Spieler auf den Finanzmärkten sind in der Regel die Gewinner, die gewöhnlichen Konsumenten die Verlierer, und die grundlegende ideologische Lektion lautet, dass wir solche schwerwiegenden Zusammenbrüche als Grundvoraussetzung unserer finanziellen Sicherheit akzeptieren müssen. Diese falsche Lektion wird tagtäglich durch die Instrumente, Parolen und Kampagnen der Informationsökonomie bekräftigt wie auch durch ihre Protokolle des Teilens, Streamens und Pufferns. Diese Protokolle, gleichermaßen undurchschaubar wie routinemäßig, sind zur Hauptbühne geworden, auf der die Verkleidung des systemischen Versagens und dessen Projektion auf die Endverbraucher vollzogen wird.

SCHLUSS:
DAS VERSAGEN IN
ERINNERUNG BEHALTEN

Die Geister, die unsere Diskussion über das Versagen begleiten, sind mannigfaltig. Da die Wall Street und das Silicon Valley bestimmen, unter welchen Bedingungen man sich an das Versagen erinnert oder es ignoriert, sind die Nutzer mit gewohnheitsmäßigem Versagen konfrontiert, dessen Existenz jedoch hartnäckig geleugnet wird. Dies rückt das Versagen näher an seine Löschung. Banken sind »zu groß, um zu scheitern«, aber die Schulden, die Studenten oder Patienten aufgenommen haben, werden nur sehr selten gelöscht oder gestrichen.

Man denke zum Beispiel an die unterschiedlichen Bedeutungen des Wortes »Ersparnisse«: Einst stand es für »Absicherung«, für die Krönung eines Lebenswerks, für die Fähigkeit, als verantwortlicher, produktiver Bürger zu agieren, dessen angespartes Vermögen ein Sicherheitsnetz darstellte für ihn selbst und seine Familie. Dieser Begriff impliziert zum einen, dass die menschliche Existenz durchaus mit Unsicherheit und Beschränkung verbunden ist (und man daher für schlechtere Zeiten Vorsorge treffen muss), und verdeutlicht zum anderen ein tief verwurzeltes, unerschütterliches Vertrauen in das Finanzsystem. Das Geld ist sicher auf der Bank, wo man dafür Zinsen bekommt oder es zumindest seinen Wert behält.

Heute stimmt das nicht mehr. Heute können wir unter »Absicherung« vielmehr das Sichern von Daten oder Informationen verstehen, die gegen uns verwendet werden können – die Fähigkeit, alles, was wir online und offline tun, zu überwachen und zu speichern. Dass es nicht mehr möglich ist, etwas zu löschen oder jemandem eine falsche Entscheidung oder einen einmaligen

Fehltritt zu verzeihen, erzeugt eine Kultur, in der Menschen für ihr Versagen oder ihre Fehler fortwährend bestraft werden. Das erinnert uns einmal mehr daran, dass Versagen ein Privileg ist: (Manche) Männer können Fehler machen, die ihnen eher nützen, während Frauen Fehler fast immer zum Nachteil gereichen (etwa, wenn Fotos von ihnen aus Rache ins Netz gestellt werden, wenn sie ihren Job verlieren oder wenn sie auch für die Fehler anderer verantwortlich gemacht werden).

In der Theorie besteht eine einfache Lösung für das Versagen, das in diesem Buch behandelt wird – vom Technik- bis zum Marktversagen – darin, sich gewissermaßen auszuklinken: die Apps oder die digitalen Dienste nicht zu nutzen oder sich vom Aktienmarkt fernzuhalten. Daraus ergibt sich aber die schwierige Frage der Wahl und der Zustimmung, die in diesem Buch stets im Hintergrund mitverhandelt wurde, aber bisher nicht direkt angesprochen wurde. Die Analyse von vermeintlich aktiver Teilnahme – dass Nutzer sich freiwillig dafür entscheiden, eine gebührenpflichtige digitale Plattform oder eine App zu nutzen, nachdem sie die »Nutzungsbedingungen« gelesen haben (oder auch nicht) – kann hilfreich sein, um zu erkennen, warum sich algorithmische Systeme immer stärker vermehren. In ihrem Werk *Obfuscation: A User's Guide for Privacy and Protest* (2015) äußern sich Finn Brunton und Helen Nissenbaum kritisch über »die Fantasie des Aussteigens«; sie verweisen darauf, dass algorithmische Systeme, die unser Verhalten nachverfolgen, zwar auf freiwilliger Basis beruhen, aber »asymmetrische Beziehungen« hervorbringen (2015, 55). Das »Aussteigen« aus der digitalen Vernetzung wird daher »immer unvernünftiger« (2015, 54). Am Beispiel der Firma Netflix etwa kann man ablesen, dass das »Aussteigen« auch ein soziales Privileg ist: Durch das Verschwinden kleiner Videoläden, lokaler »Filmclubs« und automatisierter DVD-Verleihkioske wurden die Möglichkeiten eingeschränkt, Filme und Fernsehsendungen unterschiedlichster Art anzuschauen, ohne teure Gebühren entrichten zu müssen. Wer in Amerika nicht in einer großen Küstenstadt wie New York oder Los Angeles lebt – wo es Programmkinos, Filmfestivals und zahlreiche

Medienbibliotheken gibt –, hat praktisch keine Möglichkeit, für weniger als 10 Dollar pro Monat (der Preis für ein Netflix-Abo) Zugang zu Medieninhalten zu bekommen. Die Frage von Vermeidung oder Widerstand wird noch komplizierter, wenn wir die Vorstellung akzeptieren, dass die »Technologie in der menschlichen Welt *verschwindet*« (Jarzombek, 2016, 5, Hervorhebung im Original). Schon zuvor haben wir die Frage gestellt, ob das Versagen des Smartphones im Grunde nichts anderes ist als das des Hammers, wenn der Holzgriff zerbricht. Die Antwort lautet »Nein«, denn habituelles Versagen im Zeitalter der digitalen Märkte und der Finanzmärkte zeichnet sich durch spezielle Muster aus. Wenn sie nicht imstande sind, zwischen Mensch und Werkzeug zu unterscheiden, können uns die versagenden Märkte nichts Neues über die Welt vermitteln; ihre wiederholten Zusammenbrüche verdunkeln nur noch mehr die ihnen zugrundeliegende Logik und die verborgenen Infrastrukturen, die sie aufrechterhalten. Zugleich wird dieses Versagen zu einer Handelsware, wird erforscht und in den permanenten Zyklus von Feedback und Testen eingespeist. Während wir uns selbst wegen eigener Fehler oder Leichtsinn grämen, bringen wir maschinenlernenden Algorithmen bei, wie sie unser zukünftiges Verhalten noch besser vorhersagen können. Die Veralltäglichung des Versagens ist zu einer grundlegenden Bedingung für die grenzenlose schöpferische Zerstörung des gegenwärtigen Kapitalismus geworden.

Gleiches könnte man sagen über die hochkomplexen und manipulativen Systeme zur Erzeugung von Schulden. Eine der Herausforderungen, mit denen wir es heute zu tun haben, besteht darin, uns der Vorstellung zu widersetzen, dass der globale Prozess der Schuldenproduktion unvermeidlich und unumkehrbar ist. Es stellt sich die Frage: Welche Art von Politik ist notwendig, um gegen diese Entwicklung anzugehen? Eine Antwort, die von wichtigen Teilen der Occupy-Bewegung (Graeber 2011) und anderen gegeben wurde, lautet Schuldenverweigerung. Schuldenverweigerung durch Hypothekeninhaber, Studenten, Pensionäre und andere ist eine legitime politische Taktik, insofern sie ein praktisches Instrument darstellt, um die Bestie des Finanzkapitalismus auszuhungern. Ist es vielleicht sogar die beste Möglichkeit, den Kapitalismus so zu organisieren, dass er auch den 99 Prozent zugutekommt? Aber reicht das wirklich aus? Zum einen ist Schuldenverweigerung nicht praktizierbar für Menschen, die ihre Grundbedürfnisse wie Nahrung, Unterkunft und Krankenversicherung nicht decken können. Da diese Form des Widerstands deshalb nur eine begrenzte Reichweite besitzt, bezweifeln wir, dass damit jene strukturellen Veränderungen durchgesetzt werden können, die erforderlich sind, um die Versprechensmaschine zu zerschlagen, die sich auf die Monetarisierung des Versagens stützt.

Daraus folgt, dass der Schlüssel zur Transformation der gegenwärtigen Form des Finanzkapitalismus darin besteht, die Mittel zur Erzeugung von Schulden zu beschlagnahmen und zu enteignen. Nicht die Schulden an sich sind schlecht, denn sie ermöglichen es uns, künftigen Wert in die Gegenwart vorzuziehen. Die Herausforderung besteht vielmehr darin, den Profit, der durch deren Monetarisierung erzielt wird, zu sozialisieren und zu demokratisieren. Doch wie wir in Kapitel 4 aufgezeigt haben, besteht das Problem der Schulden darin, dass jene, die wirtschaftlich abschöpfbaren Schuldenwert schaffen, auf der lokalen Ebene agieren, während die weltumspannenden Finanzmärkte, Netzwerke und Unternehmen in globalem Rahmen tätig sind. Unter dieser Perspektive sind die lokal gebundenen Akteure immer die Verlierer. Diese Sicht auf die Schulden deckt sich mit Hinweisen auf die zentrale Bedeutung der Schulden für den gegenwärtigen Kapitalismus (Lazzarato 2012).

Anstatt uns für eine dieser schwachen Alternativen zu entscheiden, möchten wir dieses Buch über habituelles Versagen mit einer Provokation abschließen: dem Aufruf, unsere Möglichkeiten zu begrenzen, statt sie zu erweitern. Wir müssen nicht nur der Versuchung widerstehen, das neueste iPhone zu kaufen oder in das Derivat zu investieren, das zuletzt auf den Markt gekommen ist, wir dürfen uns auch nicht vom Versprechen der Bequemlichkeit verführen lassen, das ein zuverlässiges Produkt mit unendlichen Wahlmöglichkeiten in Aussicht stellt. Die Illusion der Wahlmöglichkeit ist das Öl, das die Wall Street und das Silicon Valley schmiert, zwei kulturelle Welten, die knappe Ressourcen vermarkten, als wären sie unbegrenzt. Die radikalste Form des Widerstands wäre es daher, ein kulturelles und ökonomisches Klima zu fördern, in dem Konsumenten mit einer begrenzten Zahl von Wahlmöglichkeiten auskommen. Dies könnte den Verbrauchern dabei helfen, unterschiedliche Produkte zu vergleichen, sie zu prüfen und für längere Zeit zu nutzen.

Die vermeintliche Wahlfreiheit verursacht das Gefühl der Erschöpfung und der Lethargie, das wir in Kapitel 1 angesprochen haben. Im finanziellen wie im technologischen Bereich erzeugt das potentielle oder reale Versagen eine Reihe von Anforderungen, die biologische und kognitive Fähigkeiten beschränken oder sogar zunichtemachen. Man leidet darunter und erinnert sich an dieses Leid, ihre Ursache jedoch wird verdrängt.

Gewöhnliche Nutzer von Kreditkarten, Kreditnehmer und Inhaber von Hypotheken und Versicherungspolicen machen mit diesen Instrumenten gewissermaßen gepufferte finanzielle Erfahrungen. Aber ihnen wurde beigebracht, das quälende Warten, nervende Unterbrechungen, wiederkehrende Abrechnungszyklen und Verzögerungen bei Kreditentscheidungen regelmäßig zu vergessen. Wir sind gepufferte Subjekte, die durch diese Pufferung nicht (wie es der lexikalischen Definition dieses Vorgangs entsprechen würde) vor Nachteilen oder Beeinträchtigungen geschützt werden. Wir werden vielmehr systematisch daran gewöhnt, die Nachteile oder Beeinträchtigungen aus der Erinnerung zu löschen, damit wir unschuldig und hoffnungsfroh der Wiederholung dieser Erfahrung entgegensehen. Das Ergebnis ist, wie wir in Kapitel 2 dargelegt haben, die beabsichtigte Obsoleszenz der Technologien, der menschlichen Körper und sozialen Strukturen.

In diesem Buch haben wir mehr die Gemeinsamkeiten als die Unterschiede von Silicon Valley und Wall Street herausgestellt, denn wir wollten uns auf das Versagen, das Scheitern konzentrieren, nicht auf allgemeine Verbindungen zwischen Digitalwirtschaft,

Innovation und Finanzwesen in der heutigen Zeit. Gleichwohl ist es ebenso dringend notwendig, sich mit den Differenzen wie mit dem Zusammenwirken zwischen Digital- und Finanzkapital zu beschäftigen, um das komplexe Betriebssystem des gegenwärtigen Kapitalismus zu ergründen. Diese Aufgabe würde den Rahmen dieses Buches sprengen, das immerhin ein Modell anbietet, wie die beiden Kulturen gemeinsam untersucht werden können, die unsere heutige Welt bestimmen. Wir sind deshalb überzeugt, dass die richtige Herangehensweise nicht darin besteht, die Gemeinsamkeiten oder Unterschiede dieser beiden Ausdrucksformen des gegenwärtigen Kapitalismus hervorzuheben, sondern ihre Verbindungen, Überschneidungen und ihre sich gegenseitig stützenden Angebote zu betrachten. Dies erfordert einen neuen, umfassenden Ansatz bei der Untersuchung der Beziehungen zwischen Risiko, Innovation, Spekulation und Digitalität, den Kernbestandteilen der heutigen Versprechensmaschine.

Um uns dem vorherrschenden, verklärenden Narrativ entgegenzustellen, das vom Silicon Valley und der Wall Street propagiert und gefördert wird, müssen wir das Versagen besser verstehen lernen. Es genügt daher nicht, das Versagen zu einer subversiven Technik umzudeuten oder es sich neu anzueignen, um sich von der neoliberalen Dualität von »Versagen« versus »Erfolg« abzusetzen. Versucht man das Versagen anzunehmen oder für eigene Zwecke zu vereinnahmen – so wohltuend und befreiend dieser Prozess auch sein mag –, stößt man auf reale Hindernisse in einer Zeit, in der sich der unternehmerische Geist auf eine Betakultur endlosen Testens gründet. Wenn die Vorstandschefs des Silicon Valley und die *Harvard Business Review* die Beschäftigten gewissermaßen dazu aufrufen, noch schneller und noch häufiger zu versagen, kann jeder Versuch, das Versagen als einen Weg heraus aus der Zwangsjacke der »toxischen Positivität« (Halberstam 2011) zu nutzen, nach hinten losgehen, weil man dadurch dem Ethos der schöpferischen Zerstörung erliegt. Kurz gesagt, der Versuch, dem Versagen eine disruptivere Qualität zuzuschreiben, muss im Zeitalter der »Disruption« noch einmal gründlich überdacht werden.

Kann dem Versagen dennoch eine subversive Bedeutung zukommen? Wir müssen diese Frage offenlassen, möchten aber einige Wege aufzeigen, wie man ernsthaft Widerstand gegen die Monetarisierung des Versagens leisten kann. Wir sollten mit mehr Nachdruck Verantwortlichkeit einfordern von Unternehmen, Ingenieuren, Computerwissenschaftlern, Anteilseignern, Aktionären und Managern. Wir sollten die staatlichen Behörden und die Gesetzgeber drängen, die Nutzung ethisch zweifelhafter Geschäftsmodelle wie etwa die beabsichtigte Obsoleszenz zu beschränken und stattdessen das »Recht auf Reparatur« rechtlich zu verankern. Wir sollten uns dafür einsetzen, digitale und algorithmische Bildung zu fördern, um unseren undurchschaubaren Geräten ihren »Blackbox«-Charakter zu nehmen und die Infrastrukturen besser zu verstehen, auf denen sie beruhen. Und das Wichtigste: Wir können ein Denken fördern, das sich dem Horizont der unbeschränkten Wahlmöglichkeiten widersetzt und eine Kultur des Reparierens, des langsamen Wachstums und der Schuldenvermeidung unterstützt. Wir wissen zwar nicht, wie genau wir eine neue regulatorische Politik gestalten könnten. Gleichwohl sind wir überzeugt, dass die Entscheidungsträger Möglichkeiten finden müssen, um der Welt der digitalen und finanziellen Innovationen stets einen Schritt voraus zu sein und soziale Absicherungen zu konzipieren, die den neuen Instrumenten, Werkzeugen und Plattformen etwas entgegensetzen, bevor diese zusammenbrechen, implodieren oder mitsamt unserem Geld und unserer Zeit vergehen. In diesem Bereich sind der Staat und die Zivilgesellschaft zur Zusammenarbeit aufgerufen.

Die Versprechensmaschine gestaltet unsere Beziehungen zu unseren Technologien, unserer Umwelt unseren Liebsten und unserem Horizont der Möglichkeiten. Sie dient dazu, reale Katastrophen wie Zusammenbrüche oder den Klimawandel zu verleugnen und deutet sie zu Bestandteilen eines unendlichen Fortschritts um. Dieses reale Versagen wird, wenn es eines Tages eintritt, sich auf das Leben von Millionen Menschen auswirken und letztlich von Bedeutung sein für das Überleben der menschlichen Spezies und des Planeten, den sie bewohnt. Die Antwort lautet nicht, dass man vergeben und vergessen sollte oder dass man das Versagen zu etwas Revolutionärem umdeuten sollte; die Antwort heißt, das Versagen stets in Erinnerung zu behalten.

DANK

Bei der Vorbereitung dieses Buches haben mir zwei Doktoranden in meinen beiden Seminaren über »Failure« am Department of Media, Culture and Communication an der New York University wertvolle Unterstützung geleistet. Dankbar bin ich auch den Autoren, die zur Sonderausgabe über »Failure« der Fachzeitschrift *Social Research* Artikel beigesteuert haben, sowie dem Chefredakteur dieser Publikation, Arien Mack, der mir wichtige Anregungen zu diesem Thema geliefert hat. Meine Co-Autorin Neta Alexander hat ihren scharfen Intellekt und ihr Fachwissen auf jeder Seite dieses Buches entfaltet; die Zusammenarbeit mit ihr war ein wahres Vergnügen. Schließlich bin ich meiner Ehefrau Gabika und unserem Sohn Kabir zutiefst dankbar dafür, dass sie mir eine Menge beigebracht haben über die wichtigsten Fehler und Erfolge im Leben.

Arjun Appadurai

An erster Stelle möchte ich der intellektuellen Gemeinschaft der New York University danken, die mich viele Jahre lang angeregt und gefördert und dadurch dieses Buch möglich gemacht hat. Dank schulde ich insbesondere Anna McCarthy, Nicole Starosielski und Faye Ginsburg für ihre unermüdliche Unterstützung und die zahlreichen Gespräche, die sich als sehr fruchtbar für die Ideen in *Versagen* erwiesen haben. Ferner möchte ich den Redakteuren des *Cinema Journal* danken, die eine ältere Fassung meiner Arbeit über das Puffern veröffentlicht haben. Mit einem derart erfahrenen und versierten Autor wie Arjun Appadurai zusammenzuarbeiten war ein echtes Privileg. Die Unterstützung und die Sorgfalt sowohl von Arjun wie auch von John Thompson von Polity haben dafür gesorgt, dass dieses wagemutige Vorhaben zu einer höchst vergnüglichen Reise wurde, und ich möchte beiden dafür danken, dass sie von Anfang an an dieses Projekt geglaubt haben. Dankbar bin ich auch für die aufschlussreiche und wohlwollende Kritik dreier anonymer Leser, deren Kommentare und Anmerkungen das Manuskript wesentlich bereichert haben. Abschließend möchte ich erwähnen, dass ich dieses Buch nicht hätte schreiben können ohne die großartige Unterstützung durch meine Familie: meiner Eltern Gad und Elia Alexander und meines Bruders Uri Alexander. Ich widme dieses Buch ihnen und meinem Partner Bradley H. Kerr, dessen Liebe, Leidenschaftlichkeit und Intellekt mich noch nie enttäuscht haben.

Neta Alexander

LITERATURVERWEISE

Sara Ahmed (2004), ›Affective economies‹, in: *Social Text*, 22, S. 117–139

Sara Ahmed (2010), *The Promise of Happiness*, Durham, NC: Duke University Press

Neta Alexander (2016), ›Catered to your future self: Netflix's predictive personalization and the quantification of taste‹, in: Kevin McDonald/Daniel Smith-Rowsey (Hrsg.), *The Netflix Effect: Technology and Entertainment in the Twenty-First Century*, New York: Bloomsbury Academic, S. 81–98

Neta Alexander (2017), ›Rage against the machine: Buffering, noise, and perpetual anxiety in the age of connected viewing‹, in: *Cinema Journal*, 56, S. 1–24

Neta Alexander (2019), *Chronopower: On-Demand Culture and Its Disconnects*, Dissertation, New York University

Marvin Ammori (2014), ›The case for net neutrality‹, in: *Foreign Affairs*, Januar, S. 62–63

Monica Anderson (2017), ›Digital divide persists even as lower-income Americans make gains in tech adoption‹, in: *Few Research Center*, verfügbar unter: https://www.pewresearch.org/fact-tank/2017/03/22/digital-divide-persists-even-as-lower-income-americans-make-gains-in-tech-adoption/

Spencer E. Ante (2008), *Creative Capital: Georges Doriot and the Birth of Venture Capital*, Boston, MA: Harvard Business Review Press

Arjun Appadurai (2015), *Banking on Words: The Failure of Language in the Age of Derivative Finance*, Chicago, IL: University of Chicago Press

Arjun Appadurai (2016), Introduction to Special Issue of Social Research on Failure, *Social Research*, 83 (3)

Arjun Appadurai (2019), ›The scarcity of social futures in the digital era‹, in: Jenny Andersson/Sandra Kemp (Hrsg.), *Futures*, Oxford: Oxford University Press

John Langshaw Austin (1975), *How to Do Things with Words*, Cambridge, MA: Harvard University Press (deutsche Ausgabe: *Zur Theorie der Sprechakte (How to do things with Words)*, Ditzingen: Reclam Verlag, 1975)

Elie Ayache (2010), *The Blank Swan: The End of Probability*, Chichester: John Wiley & Sons

Paul Baker/Jarice Hanson/Jeremy Hunsinger (Hrsg.) (2013), *The Unconnected: Social Justice, Participation, and Engagement in the Information Society*, New York: Peter Lang

Yeqing Bao/David Berkowitz/Brent M. Wren (2010), ›Consumer marketing of high-technology products‹, in: Hossein Bidgoli (Hrsg.), *The Handbook of Technology Management, Supply Chain Management, Marketing and Advertising and Global Management*, Vol. 2, Hoboken, NJ: John Wiley & Sons, S. 290–304

Timothy Barker (2018), *Against Transmission: Media Philosophy and the Engineering of Time*, New York: Bloomsbury Academic

Gregory Bateson (1972), *Steps to an Ecology of Mind*, New York: Chandler Publishing Co

Ulrich Beck (1986), *Risk Society: Towards a New Modernity*, London: Sage Publications (deutsche Ausgabe: *Risikogesellschaft. Auf dem Weg in eine andere Moderne*, Frankfurt/M.: Suhrkamp Verlag, 1986)

Jens Beckert (2016), *Imagined Futures: Fictional Expectations and Capitalist Dynamics*, Cambridge, MA: Harvard University Press

Samuel Beckett (1995), *Nohow On: Company, Ill Seen Ill Said, Worstward Ho: Three Novels*, New York: Grove Press (deutsche Ausgabe: *Worstward ho – Aufs Schlimmste zu*, Frankfurt/M.: Suhrkamp Verlag 1989)

John Belton (2009), ›The story of 50mm film‹, in: *The Velvet Light Trap*, 64, S. 84–85

Lauren Berlant (2010), ›Risky bigness: On obesity, eating, and the ambiguity of »health«‹, in: Jonathan M. Metzl/Anna Kirkland (Hrsg.), *Against Health: How Health Became the New Morality*, New York: New York University Press, S. 26–39

Lauren Berlant (2011), *Cruel Optimism*, Durham, NC: Duke University Press

Ian Bogost (2017), ›Network neutrality can't fix the internet‹, in: *The Atlantic*, November 22, verfügbar unter: https://www.theatlantic.com/technology/archive/2017/11/network-neutrality-cant-fix-the-internet/546620

David Bordwell (1985), *Narration in the Fiction Film*, Madison, WI: University of Wisconsin Press

Pierre Bourdieu (1977), *Outline of a Theory of Practice*, Cambridge: Cambridge University Press (deutsche Ausgabe: *Entwurf einer Theorie der Praxis auf der ethologischen Grundlage der kabylischen Gesellschaft*, Frankfurt/M.: Suhrkamp Verlag, 1979)

Joseph L. Bower/Clayton M. Christensen (1995), ›Disruptive technologies: Catching the wave‹, in: *Harvard Business Review*, 7 (1), S. 43–53

Wendy Brown (1995), *States of Injury: Power and Freedom in Late Modernity*, Princeton, NJ: Princeton University Press

Finn Brunton/Helen Nissenbaum (2015), *Obfuscation: A User's Guide for Privacy and Protest*, Cambridge, MA: The MIT Press

John G. Burke (1966), ›Bursting boilers and the Federal power‹, in: *Technology and Culture*, 7 (1), S. 1–23

Alex Campolo/Madelyn Rose Sanfilippo/Meredith Whittaker/Kate Crawford (2017), *The AI Now 2017 report*, New York: The AI Now Institute

CBS News (2018), ›5G service is coming – and so are health concerns over the towers that support it‹, verfügbar unter: https://www.cbsnews.com/news/5g-network-cell-towers-raise-health-concerns-for-some-residents/

John Cheney-Lippold (2017), *We Are Data: Algorithms and the Making of Our Digital Selves*, New York: New York University Press

Ben Chu (2018), ›Global debt: Why has it hit an all-time high? And how worried should we be about it?‹, in: *The Independent*, verfügbar unter: https://www.independent.co.uk/news/business/analysis-and-features/global-debt-crisis-explained-all-time-high-world-econ omy-causes-solutions-definition-a8143516.html

Wendy Hui Kyong Chun (2008), ›On »sourcery«, or code as fetish‹, in: *Configurations*, 16, S. 299–324

Wendy Hui Kyong Chun (2016), *Updating to Remain the Same: Habitual New Media*, Cambridge, MA: The MIT Press

Sean Cubitt (2011), ›Current screens‹, in: Oliver Grau/Thomas Veigl (Hrsg.), *Imagery in the Twenty-First Century*, Cambridge, MA: The MIT Press, S. 21–35

Sean Cubitt (2014), *The Practice of Light: A Genealogy of Visual Technologies from Prints to Pixels*, Cambridge, MA: The MIT Press

Ann Cvetkovich (2012), *Depression: A Public Feeling*, Durham, NC: Duke University Press

Adrian Daub (2018), ›The undertakers of Silicon Valley‹, in: *Logic Magazine*, 5, S. 19–31

Keller Easterling (2016), ›Histories of things that don't happen and shouldn't always work‹, in: *Social Research*, 83 (3), S. 625–644

Benedict Evans (2016), ›In praise of failure‹, in: *Ben-evans.com*, verfügbar unter: https://www.ben-evans.com/benedict-evans/2016/4/28/winning-and-losing

Jason Farman (2017), ›How buffer icons shape our sense of time and our practices of waiting‹, in: [Blog] *Delayed Response*, http://jasonfarman.com/delayedresponse/loading-how-buffer-icons-shape-our- sense-of-time-and-our-practices-of-waiting/

Jason Farman (2018), *Delayed Response: The Art of Waiting from the Ancient to the Instant World*, New Haven, CT: Yale University Press

Charles Fried (1981), *Contract as Promise: A Theory of Contractual Obligation*, Cambridge, MA: Harvard University Press

Alexander Galloway (2004), *Protocol: How Control Exists After Decentralization*, Cambridge, MA: The MIT Press

Chaim Gartenberg (2018), ›The US government is investigating Apple over slowed-down iphones‹, in: *The Verge*, verfügbar unter: https://www.theverge.com/2018/1/30/16951328/apple-iphone-battery-slow-down-software-update-de partment-of-justice-sec-investigation-probe

Faye Ginsburg (2008), ›Rethinking the Digital Age‹, in: David Hesmondhalgh/Jason Toynbee (Hrsg.), *The Media and Social Theory*, New York: Routledge, S. 127–144

Erving Goffman (1974), *Frame Analysis: An Essay on the Organization of Experience*, Boston, MA: Northeastern University Press (deutsche Ausgabe: *Rahmen-Analyse: ein Versuch über die Organisation von Alltagserfahrungen*, Frankfurt/M.: Suhrkamp Verlag, 1980)

Greg Goldberg (2018), *Antisocial Media: Anxious Labor in the Digital Economy*, New York: New York University Press

David Graeber (2011), *Debt: The First 5,000 Years*, New York: Melville House (deutsche Ausgabe: *Schulden. Die ersten 5.000 Jahre*, Stuttgart: Klett-Cotta Verlag, 2012)

Stephen Graham/Nigel Thrift (2007), ›Out of order: Understanding repair and maintenance‹, in: *Theory, Culture & Society*, 24, S. 1–25

Elizabeth Grosz (2013), ›Habit today: Ravaisson, Bergson, Deleuze and Us‹, in: *Body & Society*, 19 (2–3), S. 217–239

Jack Halberstam (2011), *The Queer Art of Failure*, Durham, NC: Duke University Press

Joel Hasbrouck/Gideon Saar (2013), ›Low-latency trading‹, in: *Journal of Financial Markets*, 16 (4), S. 646–769

Nancy Hass (2013), ›And the award for the next HBO goes to … GQ‹, verfügbar unter: https://www.gq.com/story/netflix-founder-reed-hastings-house-of-cards-arrested-development

Nathan Heller (2017), ›Is the gig economy working?‹, in: *The New Yorker*, verfügbar unter: https://www.newyorker.com/magazine/2017/05/15/is-the-gig-economy-working

Lucas Hilderbrand (2009), *Inherent Vice: Bootleg Histories of Videotape and Copyright*, Durham, NC: Duke University Press

Manfred Hoefle (2012), ›Joseph A. Schumpeter – Preceptor of change‹, in: *Managerism*, Lesson No. 39, verfügbar unter: https://www.managerism.org/topics/relectures/lesson-no-39

Jennifer Holt/Kevin Sanson (Hrsg.) (2013), *Connected Viewing: Selling, Streaming, and Sharing Media in the Digital Age*, New York: Routledge

Saurabh Hooda (2017), ›Every Jeff Bezos' Letter to Shareholders Since 1997‹, in: *Medium*, 13. April, verfügbar unter: https://medium.com/@hooda/every-jeff-bezos-letter-to-shareholders-since-1997-b3cb57914cab

Rob Horning (2014), ›»Sharing« economy and self-exploitation‹, in: *The New Inquiry*, verfügbar unter: https://thenewinquiry.com/blog/sharing-economy-and-self-exploitation

Tung-Hui Hu (2016), *A Prehistory of the Cloud*, Cambridge, MA: The MIT Press

Jason Jacobs (2011), ›Television, interrupted: Pollution or aesthetic?‹, in: Jamess Bennett/Niki Strange (Hrsg.), *Television as Digital Media*, Durham, NC: Duke University Press, S. 255–281

Manpreet K. Janeja/Andreas Bandak (Hrsg.) (2018), *Ethnographies of Waiting*, New York: Bloomsbury Publishing

William Janeway (2012), *Doing Capitalism in the Innovation Economy: Reconfiguring the Three-Player Game between Markets, Speculators and the State*, Cambridge: Cambridge University Press

Mark Jarzombek (2016), *Digital Stockholm Syndrome in the Post-Ontological Age*, Minneapolis, MN: University of Minnesota Press

Henry Jenkins (2006), *Convergence Culture: Where Old and New Media Collide*, New York: New York University Press

Francis Jervis (noch nicht erschienen), *Eating the World: The Political Economy of Silicon Valley*, Dissertation, New York University

Med Jones (2016), ›Why this market rally looks like a classic investor trap‹, in: *MarketWatch*, verfügbar unter: https://www.marketwatch.com/story/why-this-market-rally-looks-like-a-classic-investor-trap-2016-04-14

Daniel Kahneman/Jason Riis (2005), ›Living, and thinking about it: Two perspectives on life‹, in: Felicia A. Huppert/Nick Baylis/Barry Keverne (Hrsg.), *The Science of Well-Being*, Oxford: Oxford University Press, S. 285–304

Donald Keough (2011), *The Ten Commandments for Business Failure*, New York: Portfolio/ Penguin

Sarah Kessler (2018), *Gigged: The End of the Job and the Future of Work*, New York: St. Martin's Press

Frank H. Knight (1921), *Risk, Uncertainty and Profit*, Boston, MA: Houghton Mifflin

Jason Koebler (2017), ›Apple's iPhone throttling will reinvigorate the push for right to repair laws‹, in: *Motherboard*, verfügbar unter: https://motherboard.vice.com/en_us/article/a3nvmk/apple-iphone-throttling-right-to-repair

Maurizio Lazzarato (2012), *The Making of the Indebted Man: An Essay on the Neoliberal Condition*, Cambridge, MA: The MIT Press

Stephen Leahy (2017), ›Each U.S. family trashes 400 iPhones' worth of e-waste a year‹, in: *National Geographic News*, verfügbar unter: https://news.nationalgeographic.com/2017/12/e-waste-monitor-report-glut/

Liu Yi Lin et al. (2016), ›Association between social media use and depression among U.S. young adults‹, in: *Depression and Anxiety*, 33, S. 323–331

Lev Manovich (2002), *The Language of New Media*, Cambridge, MA: The MIT Press

Jeffrey W. Mantz (2008), ›Improvisational economies: Coltan production in the Eastern Congo‹, in: *Social Anthropology*, 16, S. 34–50

Karl Marx (1887), *Das Kapital: Kritik der politischen Ökonomie*, Berlin: Dietz Verlag

Shannon Mattern (2019), ›Data fantasies and operational facts: Infrastructural epistemologies‹, *Society of Cinema and Media Studies Annual Conference*, Seattle, März 2019

John C. Maxwell (2000), *Failing Forward: Turning Mistakes into Stepping Stones for Success*, Nashville, TN: Thomas Nelson

Richard Maxwell/Toby Miller (2012), *Greening the Media*, New York: Oxford University Press

Mariana Mazzucato (2016), *The Value of Everything: Making and Taking in the Global Economy*, New York: Public Affairs (deutsche Ausgabe: *Wie kommt Wert in die Welt? Von Schöpfern und Abschöpfern*, Frankfurt/M.: Campus Verlag 2019)

Mareike Möhlmann/Lior Zalmanson (2017), ›Hands on the wheel: Navigating algorithmic management and Uber drivers' autonomy‹, *International Conference on Information Systems*, Seoul, South Korea

Evgeny Morozov (2013), *To Save Everything, Click Here: The Folly of Technological Solutionism*, New York: Public Affairs (deutsche Ausgabe: *Smarte neue Welt: Digitale Technik und die Freiheit des Menschen*, München: Karl Blessing Verlag 2013)

Paul Mozur (2018), ›A genocide incited on Facebook, with posts from Myanmar's military‹, in: *The New York Times*, 15. Oktober, verfügbar unter: https://www.nytimes.com/2018/10/15/technology/myanmar-facebook-genocide.html

Lisa Nakamura (2009), ›Plug and play: Performances of risk and failure in digital media presentations‹, in: *The Velvet Light Trap*, S. 64, 87–89

Jakob Nielsen (2018), ›Nielsen's Law of Internet Bandwidth‹, verfügbar unter: https://www.nngroup.com/articles/law-of-bandwidth/

Cathy O'Neil (2016), *Weapons of Math Destruction: How Big Data Increases Inequality and Threatens Democracy*, New York: Broadway Books

Vance Packard (1960), *The Waste Makers*, Philadelphia, PA: David McKay Co. (deutsche Ausgabe: *Die große Verschwendung*, Düsseldorf: Econ Verlag, 1966)

Eli Pariser (2012), *The Filter Bubble: How the New Personalized Web Is Changing What We Read and How We Think*, New York: Penguin Books (deutsche Ausgabe: *Filter Bubble: Wie wir im Internet entmündigt werden*, München: Hanser Verlag 2012)

Lisa Parks/Nicole Starosielski (Hrsg.) (2015), *Signal Traffic: Critical Studies of Media Infrastructures*, Champaign, IL: University of Illinois Press

Frank Pasquale (2016), *The Black Box Society: The Secret Algorithms that Control Money and Information*, Cambridge, MA: Harvard University Press

Karen Petruska/John Vanderhoef (2014), ›TV that watches you: Data collection and the connected living room‹, in: *Spectator*, 34 (2)

Jean-Christophe Plantin/Aswin Punathambekar (2019), ›Digital media infrastructures: Pipes, platforms, and politics‹. in: *Media, Culture & Society*, 41 (2), S. 163–174

Karl Popper (1963), *Conjectures and Refutations: The Growth of Scientific Knowledge*, London: Routledge (deutsche Ausgabe: *Vermutungen und Widerlegungen. Das Wachstum der wissenschaftlichen Erkenntnis*, Teilband I: Vermutungen, Tübingen: J.C.B. Mohr Verlag 1963)

Robert N. Proctor/Londa Schiebinger (Hrsg.) (2008), *Agnotology: The Making and Unmaking of Ignorance*, Stanford, CA: Stanford University Press

Rina Raphael (2017), ›Netflix CEO Reed Hastings: Sleep is our competition‹, in: *Fast Company*, verfügbar unter: https://www.fastcompany.com/40491939/netflix-ceo-reed- hastings-sleep-is-our-competition

Nikolas Rose (1999), *Powers of Freedom: Reframing Political Thought*, Cambridge: Cambridge University Press

Alex Rosenblat (2018a), *Uberland: How Algorithms Are Rewriting the Rules of Work*, Oakland, CA: University of California Press

Alex Rosenblat (2018b), ›When your boss is an algorithm‹, in: *The New York Times*, 12. Oktober, verfügbar unter: https://www.nytimes.com/2018/10/12/opinion/sunday/uber-driver-life.html

Andrew L. Russell/Lee Vinsel (2018), ›After innovation, turn to maintenance‹, in: *Technology and Culture*, 59 (1), S. 1–25

Cindy Russell (2018), ›5G wireless telecommunications expansion: Public health and environmental implications‹, in: *Environmental Research*, 165, S. 484–495

David E. Sanger/Julian E. Barnes/Raymond Zhong/Marc Santora (2019), ›In 5G race with China, U.S. pushes allies to fight Huawei‹, in: *The New York Times*, 26. Januar, verfügbar unter: https://www.nytimes.com/2019/01/26/us/politics/huawei-china-us-5g-technology.html

Nikil Saval (2019), ›Uber and the ongoing erasure of public life‹, in: *The New Yorker*, 18. Februar, verfügbar unter: https://www.newyorker.com/culture/dept-of-design/uber-and-the-ongoing-erasure-of-public-life

Natasha Dow Schüll (2014), *Addiction by Design: Machine Gambling in Las Vegas*, Princeton, NJ: Princeton University Press

Joseph Schumpeter (1942), *Capitalism, Socialism and Democracy*, Floyd, VA: Impact Books (deutsche Ausgabe: *Kapitalismus, Sozialismus und Demokratie*, Franke Verlag: München 1950)

Brian Scudamore/Roy H. Williams (2018), *WTF?! (Willing to Fail): How Failure Can Be Your Key to Success*, Austin, TX: Lioncrest Publishing

Rachel Shabi (2002), ›The e-waste land‹, in: *Guardian Weekend*, 30. November, S. 36–43

Claude E. Shannon/Warren Weaver (1975), *The Mathematical Theory of Communication*, Urbana, IL: University of Illinois Press

Giles Slade (2007), *Made to Break: Technology and Obsolescence in America*, Cambridge, MA: Harvard University Press

Jo T. Smith (2008), ›DVD technologies and the art of control‹, in: James Bennett /Tom Brown (Hrsg.), *Film and Television after DVD*, New York: Routledge, S. 129–148.

Susan Leigh Star (1999), ›The ethnography of infrastructure‹, in: *American Behavioral Scientist*, 43 (3), S. 377–391

Luke Stark/Alex Rosenblat (2016), ›Algorithmic labor and information asymmetries: A case study of Uber's drivers‹, in: *International Journal of Communication*, 10, S. 3758–3784

Nicole Starosielski (2015), *The Undersea Network*, Durham, NC: Duke University Press

Roya Stephens/Adarsh Mahesh (2018), *State of the App Economy*, 6. Aufl., Washington, DC: ACT/The App Association, verfügbar unter: https://actonline.org/wp-content/uploads/ACT_2018-State-of-the-App- Economy-Report_4.pdf

Jonathan Sterne (2009), ›The cat telephone‹, in: *The Velvet Light Trap*, 64, S. 83–84

Jonathan Sterne (2012), *MP3: The Meaning of a Format*, Durham, NC: Duke University Press

Hito Steyerl (2009), ›In defense of the poor image‹, in: *e-flux journal*, verfügbar unter: http://www.e-flux.com/journal/in-defense-of-the-poor-image/

Hito Steyerl (2014), ›Proxy politics: Signal and noise‹, in: *e-flux journal*, verfügbar unter: https://www.e-flux.com/journal/60/61045/proxy-politics-signal-and-noise/

Helga Tawil-Souri (2017), ›Checkpoint time‹, in: *Qui Parle: Critical Humanities and Social Sciences*, 26 (2), S. 383–422

Tiziana Terranova (2000), ›Free labor: Producing culture for the digital economy‹, in: *Social Text*, 18, S. 33–58

Gillian Tett (2010), ›Silos and silences: Why so few people spotted the problems in complex credit and what that implies for the future‹, in: *Financial Stability Review*, 14, S. 121–129

John Thackara (2005), *In the Bubble: Designing in a Complex World*, Cambridge, MA: The MIT Press

Thomas F. Tierney (1993), *The Value of Convenience: A Genealogy of Technical Culture*, Albany, NY: SUNY Press

Cameron Tonkinwise (2016), ›Failing to sense the future: From design to the proactionary test drive‹, in: *Social Research*, 83 (3), S. 597–624

Thorstein Veblen (1898), ›Why is economics not an evolutionary science?‹, in: *Quarterly Journal of Economics*, 12 (3), S. 373–397

Peter-Paul Verbeek (2004), *What Things Do: Philosophical Reflections on Technology, Agency and Design*, University Park, PA: Penn State University Press

Norbert Wiener (1965), *Cybernetics, Or the Control and Communication in the Animal and the Machine*, Cambridge, MA: The MIT Press

Robert Wosnitzer (2014), *Desk, Firm, God, Country: Proprietary Trading and the Speculative Ethos of Financialism*, Dissertation, New York University

LESEN SIE WEITER ...

Jonathan Crary 24/7
Schlaflos im Spätkapitalismus

Wir müssen permanent funktionieren, sind einem grenzenlosen Informationsfluss ausgesetzt. Wir können zwischen Arbeit und Freizeit nicht mehr unterscheiden. Was passiert, wenn die Nacht nicht mehr dem Schlaf gehört?

Aus dem Englischen von Thomas Laugstien
WAT 835. Broschiert. 144 Seiten

Caspar Dohmen Lieferketten
Risiken globaler Arbeitsteilung für Mensch und Natur

Anbau – Produktion – Transport – Verkauf – Konsum: In Lieferketten entstehen Geschichten von großen Gewinnern und vielen Verlierern. Basierend auf Reisen in alle Welt und frappierenden Beispielen zeigt Caspar Dohmen, wie sich das ändern kann.

Klappenbroschur. 176 Seiten

Wolfgang Kaleck, Miriam Saage-Maaß Unternehmen vor Gericht
Globale Kämpfe für Menschenrechte

Arbeiterinnen in Bangladesch, Gewerkschafter in Kolumbien und die Landbevölkerung im Sudan nehmen die Verbrechen übermächtiger Wirtschaftsgiganten nicht mehr länger hin. Unterstützt werden diese Menschen von zwei Menschenrechtsanwälten: Sie reisen zu den Betroffenen, sie ziehen vor Gericht, sie sind im Recht.

Broschiert. 128 Seiten

Barbara Muraca Gut leben
Eine Gesellschaft jenseits des Wachstums

Das Mantra, dass die Wirtschaft immer weiter wachsen muss, formt unsere heutige Welt – auf Kosten von Lebensqualität, unter Ausbeutung der Natur und im immer schärferen Wettbewerb. Dass es so nicht weitergehen kann, wird überdeutlich. Kritiker des Wachstumskurses gibt es viele, aber nicht allen sollte man folgen ...

Broschiert. 96 Seiten

POLITIK BEI WAGENBACH

Jodi Dean Genossen!

Genosse kommt von genießen! Sich emphatisch als Genosse anzusprechen mag etwas aus der Mode gekommen sein. Dabei ist diese Beziehung eine der fruchtbarsten, intensivsten und handlungsmächtigsten überhaupt – wenngleich nicht ungefährlich.

Aus dem Englischen von Andreas G. Förster
Klappenbroschur. 176 Seiten

Peter Laudenbach Volkstheater
Der rechte Angriff auf die Kunstfreiheit

Die Neue Rechte hat die Kultur als Kampffeld entdeckt. Aber weshalb interessieren sich AfD-Politiker plötzlich für Tanztheater und zeitgenössische Musik? Und was geht im Kopf von Leuten vor, die Buchhändlern das Auto anzünden oder Sprengsätze in Jugendzentren werfen?

Broschiert. 144 Seiten

Alaa Abd el-Fattah Ihr seid noch nicht besiegt
Ausgewählte Texte 2011–2021

»Sein Verbrechen ist es, dass er eine andere Welt für möglich hielt und sich traute, am Versuch ihrer Verwirklichung mitzuwirken.« *New York Times*

Mit einem Vorwort von Naomi Klein
Aus dem Englischen von Utku Mogultay
Klappenbroschur. 240 Seiten

Wenn Sie mehr über den Verlag und seine Bücher wissen möchten, schreiben Sie uns eine Postkarte oder elektronische Nachricht (mit Anschrift und E-Mail). Wir informieren Sie dann regelmäßig über unser Programm und unsere Veranstaltungen.

Verlag Klaus Wagenbach   Emser Str. 40/41   10719 Berlin
www.wagenbach.de   vertrieb@wagenbach.de

Die englische Originalausgabe erschien 2020 unter dem Titel
Failure bei Polity Press in Cambridge.

■ Politik bei Wagenbach

© Arjun Appadurai and Neta Alexander 2020
This edition is published by arrangement with Polity Press Ltd.,
Cambridge
© 2023 für die deutsche Ausgabe: Verlag Klaus Wagenbach,
Emser Straße 40/41, 10719 Berlin   www.wagenbach.de

Covergestaltung Julie August unter Verwendung einer
Fotografie © picture alliance/Westend61. Gesetzt aus der
Meridien und der Brown. Umschlagmaterial Salzer Touch.
Gedruckt und gebunden bei Pustet, Regensburg. Printed
in Germany. Alle Rechte vorbehalten

ISBN 978 3 8031 3730 2